Spanisch für den Urlaub

Einstieg in Sprache und Kultur
Lehrbuch mit Audios

A1

Jaime Corpas Viñals

Ernst Klett Sprachen
Stuttgart

Klett Augmented:
Alle Audios kostenlos abspielen!

Der Umwelt zuliebe!

1. Auflage 1 10 9 8 | 2025 24 23

Alle Drucke dieser Auflage sind unverändert und können im Unterricht nebeneinander verwendet werden. Die letzte Zahl bezeichnet das Jahr des Druckes.

Internetadresse: www.klett-sprachen.de

Autor Jaime Corpas Viñals

Redaktion Pilar Rolfs, Michael Krumm
Lektorat Irma Urabayen
Layoutkonzeption grundmanngestaltung, Karlsruhe
Gestaltung und Satz grundmanngestaltung, Karlsruhe
Umschlaggestaltung grundmanngestaltung, Karlsruhe
Reproduktion Format GmbH, Ettlingen
Druck und Bindung Elanders GmbH, Waiblingen

ISBN 978-3-12-514265-7

9 783125 142657

Liebe Spanischlernerin, lieber Spanischlerner,

herzlich willkommen bei Spanisch für den Urlaub. Dieser Touristenkurs bietet Ihnen einen leichten und unterhaltsamen Einstieg in Sprache und Kultur Ihres Reiseziels und bereitet Sie optimal auf Ihren nächsten Urlaub in Lateinamerika oder Spanien vor.

Der Kurs ist ideal für Menschen, die mit wenig Lernaufwand die klassischen Urlaubssituationen im Spanischen sicher bewältigen wollen. So üben Sie gezielt authentische Redewendungen und Modellsätze für den Urlaub und trainieren die Kommunikation auf abwechslungsreiche und spielerische Weise, die zum freien Sprechen motiviert.

Spanisch für den Urlaub bietet stressfreies Lernen bei extrem leichter Progression auf einem Niveau unter A1 des Europäischen Referenzrahmens. Er folgt dabei einem klaren Aufbau mit 12 Lektionen und 3 integrierten Wiederholungseinheiten. Jede Lektion ist so konzipiert, dass sie jeweils einen Kursabend abdeckt.

Die Übungen am Ende jeder Lektion sind zur Vertiefung oder für das Wiederholen zu Hause geeignet und ermöglichen ein maßgeschneidertes und flexibles Lerntempo. Spanisch für den Urlaub folgt dabei konsequent der progressiven Schreibweise der neuen spanischen Rechtschreibung.

Dieser Kurs verzichtet auf eine komplexe Grammatikvermittlung und bietet grammatische Inhalte ausschließlich in kleinen, leicht verdaulichen Häppchen an. Ein Grammatikanhang fasst die wichtigsten Themen der Lektionen systematisch zusammen und ermöglicht das selbstständige Nachschlagen.

Insider-Tipps und spannende Einblicke in die Besonderheiten der spanischen Welt, ein stimmungsvolles Layout und fantastische Bildmotive sorgen dabei für Vorfreude auf den Urlaub und fördern den Lernprozess.

Wir wünschen Ihnen viel Spaß und Erfolg beim Entdecken der spanischen Sprache!

Ihr Autor
Ihre Redaktion

Erklärung von Zusatzinformationen und Symbolen:

▶ 13 → Dieses Symbol verweist auf einen Hörtext, der über die App **Klett Augmented** abgerufen werden kann.

Zu zweit. → Hier sollen Sie mit einer Person aus Ihrem Kurs zusammenarbeiten.

| ¡Hola! → Dieses Zeichen ist das Symbol für einen Dialog. Mehrere Dialogpartner sind in unterschiedlichen Farben gekennzeichnet.

•• Sí. → Texte mit zwei Punkten davor sind Beispielsätze.

Inhalt

la ciudad

el campo

la playa

Anhang

la ciudad

la ciudad

1 Bienvenidos

Wussten Sie, dass …?

Spanien seinen Namen aufgrund der Verwechslung von Kaninchen trägt? Die antiken Phönizier hielten diese für die ihnen aus ihrer Heimat bekannten Säugetiere Schliefer, für „shapan“. So nannten sie die Halbinsel „I-Shapan-im“, also Land der Schliefer, woraus die alten Römer wiederum „Hispania“ machten.

¡Bienvenidos a España!

▶1 Wenn Sie tolles Wetter, nette Menschen, gutes Essen und eine bezaubernde Kultur genießen wollen, sind Sie in Spanien richtig. Und Spanien bietet noch viel mehr: vielfältige Architektur, mittelalterliche Städte, arabische Paläste. Um all das zu erleben, sollten Sie lernen, wie man in einem spanischen Hotel zurechtkommt, wie man grüßt oder sich bedankt – und das natürlich am besten auf Spanisch …

1 En la recepción.

a. ▶2 Sie sind an der Rezeption eines Hotels. Hören Sie den Dialog und markieren Sie die Wörter, die Sie kennen.

Recepcionista:	¡Hola, buenos días!
Cliente:	Buenos días. Tengo una habitación reservada.
Recepcionista:	¿Cómo se llama?
Cliente:	Astrid Bergen.
Recepcionista:	¿Habla español?
Cliente:	Sí, un poco.
Recepcionista:	¿De dónde es usted, señora Bergen?
Cliente:	Soy alemana, de Heidelberg.
Recepcionista:	Un momento, por favor… Habitación número 5.
Cliente:	Muchas gracias.
Recepcionista:	De nada.

b. *Zu zweit.* Üben Sie nun den Dialog zu zweit und tauschen Sie anschließend die Rollen.

Wussten Sie, dass …?

das kleinste Hotel der Welt das *Punta Grande* auf der kanarischen Insel *El Hierro* ist? Das Hotel hat nur 4 Zimmer und liegt so nah am Meer, dass man vom Zimmer aus angeln kann!

¡Hola!	Hallo!
¡Buenos días!	Guten Tag!
Adiós!	Auf Wiedersehen!
¡(Muchas) Gracias!	(Vielen) Dank!
¡De nada!	Bitte sehr!
¡Hasta mañana!	Bis morgen!

Häufige Wendungen

2 ¡Hola, buenos días!

a. Lesen Sie die folgenden Grußformeln laut und merken Sie sich, zu welcher Tageszeit diese benutzt werden.

1. Buenos días
2. Buenas tardes
3. Buenas noches

b. *In der Gruppe.* Gehen Sie umher. Eine Person sagt eine Uhrzeit auf Deutsch und die andere reagiert mit dem dazugehörigen spanischen Grußwort.

•• Es ist halb sechs.
•• ¡Buenas tardes!

Wussten Sie, dass …?

sowohl in Spanien als auch in Lateinamerika alle Personen zwei Nachnamen haben? Der erste ist der Nachname des Vaters und der zweite derjenige der Mutter. Im Gegensatz zu anderen Ländern behalten Paare bei der Heirat die eigenen Nachnamen.

3 Los números.

a. ▶ 3 Hören Sie zu und sprechen Sie mit.

1 uno	5 cinco	9 nueve	13 trece	17 diecisiete
2 dos	6 seis	10 diez	14 catorce	18 dieciocho
3 tres	7 siete	11 once	15 quince	19 diecinueve
4 cuatro	8 ocho	12 doce	16 dieciséis	20 veinte

b. *Zu zweit.* Sie sind an der Rezeption des Hotel und fragen nach der Nummer Ihres Zimmers. Zeigen Sie auf eine Tür und spielen Sie die Situation nach.

•• ¿Qué número es la habitación?
•• Es la habitación número…

Zeitangaben

¿Cuándo…? Wann …?
¿Cuánto tiempo…? Wie lange …?

un día ein Tag
una noche eine Nacht
una semana eine Woche

4 El hotel.

a. ▶ 4 Hören Sie zu und notieren Sie, in welcher Reihenfolge die Wörter gesprochen werden. Ordnen Sie anschließend die spanischen Wörter ihren deutschen Bedeutungen zu.

☐ la recepción	☐ Parkplatz
☐ la habitación	☐ Zimmer
☐ la llave	☐ Speisezimmer
☐ el aparcamiento	☐ Aufzug
☐ el comedor	☐ Fitnessraum
☐ el gimnasio	☐ Tür
☐ el baño	☐ Schlüssel
☐ la piscina	☐ Bett
☐ la cama	☐ Empfang
☐ la ventana	☐ Swimmingpool
☐ la puerta	☐ Bar
☐ el bar	☐ Badezimmer
☐ el ascensor	☐ Fenster

masculino
el gimnasio • **el** comedo**r**

femenino
la cam**a** • **la** habita**ción**

masculino o femenino
la llave • **el** pasaporte

b. Versuchen Sie nun zu zweit, die neuen Wörter zu lernen. Einer sagt das deutsche Wort, der andere versucht, das richtige spanische Wort dazu zu nennen.

•• **Parkplatz.**
•• **El aparcamiento.**

singular → plural

el aparcamient**o**
→ **los** aparcamient**os**

el ascensor
→ **los** ascensor**es**

la cam**a**
→ **las** cam**as**

la habitación
→ **las** habitacion**es**

Un poco más

1 ¡Bienvenida!

a. Bringen Sie das Gespräch zwischen einem Gast und dem Hotelangestellten in die richtige Reihenfolge.

- [ ] ¿Cómo se llama?
- [ ] Muchas gracias.
- [ ] Un momento, por favor… Habitación número 18.
- [ ] ¡Hola! Tengo una habitación reservada.
- [ ] ¡Hola, buenas noches!
- [ ] Susanne Müller.
- [ ] De nada. ¡Hasta luego!

b. ▶ 5 Hören Sie zu und überprüfen Sie das Ergebnis. Lesen Sie sich anschließend gegenseitig den Dialog vor.

2 ¿Qué idiomas habla?

a. *Zu zweit.* Fragen Sie sich gegenseitig, ob Sie diese Sprachen sprechen.

inglés • alemán • francés • italiano • holandés • portugués • ruso

¿Habla ruso?
No, no hablo ruso.

b. Erzählen Sie im Kurs, welche Sprache Ihr/e Kurspartner/in spricht.

Ingrid habla ruso y un poco de italiano y de francés.

¿Habla español?

- No, no hablo español. ⊖⊖
- No, no mucho. ⊖
- Sí, (hablo) un poco (de español). ⊕
- Sí, bastante. ⊕⊕
- Sí, hablo español. ⊕⊕⊕

3 Palabras.

Erkennen Sie die spanischen Wörter und deren Artikel, die sich in dieser Wörterschlange versteckt haben?

lacamaelascensorelrestaurantelarecepciónelbarelbañolapiscinalapuertalallavelahabitación

4 ¿Cómo se dice en español…?

Wie sagen Sie auf Spanisch, dass …

1. … Sie ein Zimmer reserviert haben? ____________________
2. … Sie aus Hamburg sind? ____________________
3. … Sie etwas Spanisch sprechen? ____________________

Wie fragt der / die Hotelangestellte auf Spanisch, wenn …

4. … er / sie Ihren Namen wissen möchte? ____________________
5. … er / sie wissen möchte, woher Sie kommen? ____________________
6. … er / sie wissen möchte, ob Sie Spanisch sprechen? ____________________

Para hablar

Begrüßen
Bienvenido / Bienvenida / Bienvenidos / Bienvenidas.
¡Hola! Buenos días.
¡Hola! Buenas tardes.
¡Hola! Buenas noches.

Nach dem Namen fragen
¿Cómo se llama?
Me llamo Ingrid.

Nach der Herkunft fragen
¿De dónde es usted?
Soy alemana, de Würzburg.

Sich verabschieden
Adiós.
Hasta luego.

An der Rezeption
Tengo una habitación reservada.
¡Hola! Buenas noches. La llave de la habitación número 12, por favor.

Nach Sprachkenntnissen fragen
¿Habla español?
Sí, un poco. / No, no mucho.

Sich bedanken
(Muchas) gracias.
De nada.

In Barcelona ist es fast unmöglich, sich zu langweilen. Für die Katalanen ist sie jedenfalls der kulturelle Mittepunkt Spaniens. Tatsache ist, dass Barcelona an jeder Ecke mit einer neuen Facette überrascht: *la Barcelona gótica* (*la catedral, el Museo Picasso*), la Barcelona modernista (*la Sagrada Familia, el Parque Güell, La Pedrera*), *la Barcelona marítima* (der Hafen, *las Atarazanas*), *la Barcelona olímpica, la Barcelona popular* (*las Ramblas* und *el Barrio del Raval*), *la Barcelona comercial* (*el Paseo de Gracia*) und nicht zuletzt für Nachtschwärmer und Liebhaber der guten Küche *la Barcelona nocturna* und *gastronómica*.

Falls Sie ein besonderes Faible für Kultur haben, Barcelona ist eine Metropole von Künstlern für Künstler: Sie ist mit ihren Museen die Stadt Picassos, Mirós und Tàpies'. Architekten wie Gaudí oder Calatrava haben sich hier verewigt und Schriftsteller wie Eduardo Mendoza, Manuel Vázquez Montalbán und auch Miguel de Cervantes lassen uns die bestgehüteten Geheimnisse der Stadt entdecken.

Und vergessen Sie keinesfalls, im Hafenviertel Barceloneta eine *paella* zu essen, in einem Restaurant oder einer Bar *pan con tomate* zu bestellen, begleitet von einer *tapa*, und als Nachtisch eine hervorragende *crema catalana* zu genießen.

Wussten Sie, dass …?

la Sagrada Família, das Meisterwerk von Antoni Gaudí, 2010 vom Papst geweiht und in den Rang einer *basílica* erhoben wurde? Kathedrale darf sie sich nicht nennen, da es bereits *la catedral* im Herzen des *Barrio Gótico* gibt.

Barcelona Kunst- und Kulturstadt

Wussten Sie, dass …?

trotz der vielen Kunstmuseen der meistbesuchte Ort in Barcelona das *Museo del Camp Nou* ist? Hier kann man etwas über die Geschichte des Fußballclubs Barcelona erfahren. Man findet dort auch Pokale, die dieser Verein im Laufe der Zeit gewonnen hat – und das sind nicht wenige!

Seit jeher dient Barcelona als Kulisse für viele Romane – bereits Don Quijote spazierte durch Kataloniens Hauptstadt – und in der Belletristik werden Sucher schnell fündig. Wer die Stimmung der düsteren und repressiven Zeit der Diktatur Francos einfangen möchte, dem sei „Der Schatten des Windes" von Carlos Ruiz Zafón ans Herz gelegt, wer aber noch weiter zurück in der Zeit gehen möchte, findet im historischen Roman „Die Kathedrale des Meeres" von Ildefonso Falcones eine unterhaltsame Lektüre rund um den Bau der Seemannskirche Santa María del Mar, einem der schönsten Beispiele katalanischer Gotik.

2 Por el centro

la ciudad

Wussten Sie, dass …?

die *Avenida 9 de Julio* in Buenos Aires mit ihren 140 m und 20 Fahrspuren die breiteste Straße der Welt ist? Um unfallfrei auf die andere Seite zu gelangen, benötigt man mehrere Ampelphasen.

De visita en la ciudad

Können Sie sich für Städtereisen begeistern? Dann werden Sie in Spanien und Lateinamerika ausgiebig auf Ihre Kosten kommen. Am besten, Sie lassen das Auto stehen und gehen zu Fuß auf Entdeckungstour. Sicherlich ist es dann nützlich, wenn Sie im Zweifelsfall auf Spanisch nach dem Weg fragen können. Diese Lektion hilft Ihnen dabei.

1 ¿Para ir a…?

a. ▶ 6-7 Sie sind in Madrid und möchten gern die Stadt besichtigen. Hören Sie zu. Wonach wird jeweils gefragt?

Banco de España • calle Mayor • una estación de metro • Museo del Prado • Palacio Real

1.

| Perdone. ¿Para ir al ____________________, por favor?
| Tome el metro hasta ____________________. Es la línea 2.
| ¿Hay ____________________ aquí cerca?
| Sí, allí enfrente.
| Muchas gracias.
| De nada.

2.

| Perdone. ¿Sabe dónde está el ____________________?
| Sí, claro. Esta calle todo recto hasta el final y después a la derecha.
| ¿Esta calle?
| Sí, es la ____________________.
| Perfecto. Muchas gracias. Muy amable.
| De nada.

b. Hören Sie die Dialoge noch einmal und üben Sie sie mit verteilten Rollen.

¿Dónde está…?	Wo befindet sich …?
¿Para ir a…?	Wie kommt man zu/nach …?
¿Hay un/una… por aquí cerca?	Gibt es ein/eine … hier in der Nähe?

Nach dem Ort fragen

Wusstensie, dass …?

in der größten Stadt Nordamerikas, *la ciudad de México*, Frauen ab 17 Uhr abends und bis 10 Uhr morgens in der Metro in eigenen Abteilen fahren können, um Belästigungen im Gedränge zu vermeiden?

2 ¿Qué significa…?

Wie können Sie folgende Sätze auf Deutsch sagen?

1. Perdone, ¿dónde está el Parque del Retiro?
2. ¿Hay una parada de taxis aquí cerca?
3. Disculpe. ¿Para ir a la calle de Alcalá, por favor?

3 Transportes.

a. Ordnen Sie die Wörter ihren deutschen Entsprechungen zu.

1. el metro	☐	der Zug
2. el autobús	☐	das Flugzeug
3. el tren	☐	das Fahrrad
4. el avión	☐	das Taxi
5. la bicicleta	☐	die Untergrundbahn (U-Bahn)
6. el taxi	☐	zu Fuß gehen
7. ir a pie	☐	der Bus

b. *Zu zweit.* Sprechen Sie über die Verkehrsmittel, die Sie am häufigsten nutzen.

- ¿Cómo va a la ciudad?
- A veces voy en coche.
- Yo voy siempre a pie.

Angaben zur Häufigkeit

siempre → immer
a veces → manchmal
nunca → niemals
normalmente → normalerweise

In der Stadt unterwegs

voy en coche → ich fahre
voy a pie → ich laufe
tomo el metro → ich nehme die U-Bahn

4 Un billete, por favor.

a. Was bedeutet "billete"?

un billete significa ⇢ ______________________

b. Für welche Transportmittel kann man ein "billete" kaufen? Kreuzen Sie an.

un billete de

- ☐ metro
- ☐ bicicleta
- ☐ tren
- ☐ avión
- ☐ taxi
- ☐ autobús

ir

gehen, fahren

(yo)	voy
(tú)	vas
(él / ella / usted)	va

ir **a la** estación
ir **al** aeropuerto **(a + el = al)**

5 Al final de esta calle.

Tragen Sie die Richtungsangabe an der entsprechenden Stelle ein.

a la izquierda • a la derecha • todo recto • al final de la calle • enfrente

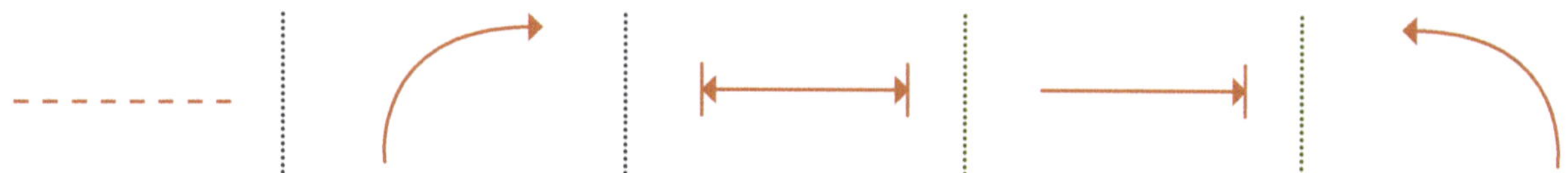

1. ______________ ______________
2. ______________ ______________
3. ______________ ______________
4. ______________ ______________
5. ______________ ______________

6 ¿Qué autobús va a…?

a. ▶ 8 Hören Sie und ordnen Sie zu. Welche Antwort gehört zu welcher Frage?

1. Perdone. ¿Este autobús va a la estación?
2. Perdone. ¿Este tren va a Toledo?
3. Disculpe. ¿Qué autobús va al Parque del Retiro?

- ☐ Lo siento, no lo sé.
- ☐ No, este va al puerto. Tome el número 9.
- ☐ El número 17.

b. *Zu zweit.* Üben Sie die Dialoge mit verteilten Rollen.

Un poco más

1 Todo recto.

a. Sie möchten zum Busbahnhof gehen. Setzen Sie die richtigen Wörter in die Lücken ein.

por favor • para • línea • disculpe • después • está • gracias • izquierda • qué • hasta

| Buenos días. ______________ ¿______________ ir a la estación de autobuses, ______________?
| Tome el metro ______________ Arco de Triunfo, ______________ 1.
| ¿Dónde ______________ la estación de metro?
| Todo recto y ______________ a la ______________.
| Muchas ______________.
| No hay de ______________.

b. ▶ 9 *Zu zweit.* Hören Sie zu und überprüfen Sie das Ergebnis. Üben Sie den Dialog mit verteilten Rollen.

2 Perdone.

Setzen Sie *hay, dónde está* oder *para ir* richtig ein.

1. Perdone. ¿______________ una parada de autobuses aquí cerca?
2. Disculpe. ¿______________ el puerto?
3. ¿______________ una parada de taxis en esta calle?
4. Perdone. ¿______________ a la calle de Alcalá?
5. Disculpe. ¿______________ la Plaza Mayor?
6. Disculpe. ¿______________ al aeropuerto?

3 Siempre…

Schreiben Sie drei Sätze mit den Wörter aus den Spalten. Wandeln Sie dabei die Grundform des Verbs *ir* in die Ich-Form um.

		taxi
siempre	ir de vacaciones	metro
a veces	ir al centro	autobús
nunca	ir al aeropuerto	tren
normalmente	ir al puerto	avión
		a pie

1. ______________________________
____
2. ______________________________
____
3. ______________________________

4 ¿El o la? ¿A la o al?

a. Welcher Artikel passt? Setzen Sie *el* oder *la* richtig ein.

1. ______ museo
2. ______ calle
3. ______ estación
4. ______ parque
5. ______ parada de taxis
6. ______ aeropuerto
7. ______ puerto
8. ______ plaza

b. Vervollständigen Sie die Sätze mit *a la* oder *al*.

1. Siempre voy __________ estación en bicicleta.
2. ¿Para ir __________ Museo Picasso, por favor?
3. A veces voy ____________ aeropuerto en taxi.
4. Nunca voy ______________ trabajo en coche.
5. Perdone. ¿Para ir __________ calle Cartagena?

Wussten Sie, dass ...?

der schnellste Zug Spaniens *el AVE* (*Alta Velocidad Española*) umgangssprachlich auch *el pato*, die Ente, genannt wird, weil die Zugmaschine wie ein Entenschnabel aussieht?

Para hablar

Nach einer Adresse fragen
Perdone. / Disculpe.
¿Para ir a la Plaza de Cibeles, por favor?
¿Hay una estación de metro aquí cerca?
¿(Sabe) dónde está el Museo del Prado?

Eine Adresse nennen
Sí, allí enfrente.
Todo recto, a la izquierda y después a la derecha.
Al final de esta calle.

Nach einem Verkehrsmittel fragen
¿Este autobús va al Palacio Real?
¿Qué tren va a Toledo?

Verkehrsverbindungen
Tome el autobús número 12.
Tome el metro hasta Plaza de España.
Lo siento, no lo sé.

Ein Ticket kaufen
Un billete, por favor.

Über Häufigkeiten sprechen
Normalmente voy al trabajo en coche.
A veces voy en bicicleta al centro.
Nunca voy a pie.
Siempre voy al aeropuerto en metro.

Die Plaza Mayor ist das beliebte Zentrum der meisten Städte und Dörfer Spaniens und Lateinamerikas. Fröhlich und laut geht es hier beim Wochenmarkt zu, politisch und ernst bei Demonstrationen, ausgelassen und belebt bei Volksfesten. Als Ort der Stierkämpfe und des Inquisitionsgerichts haben diese Plätze in aufgeklärten Zeiten allerdings glücklicherweise ausgedient.

Im Herzen der Stadt

Wussten Sie, dass ...?

die Geburt der *Plaza Mayor* auf das katholische Königspaar *Isabel y Fernando* zurückgeht? Im Jahre 1480 ordneten sie an, dass alle großen Orte einen architektonischen Mittelpunkt erhalten sollten. Diese Tradition übernahmen die *Conquistadores* für viele Plätze der eroberten oder neu gegründeten Städte Amerikas. Manche erhielten auch die Bezeichnung *Plaza de Armas*, weil sich dort häufig die Waffenlager befanden.

Wusste Sie, dass …?

der Hauptplatz in Mexiko-Stadt *Plaza de la Constitución*, der von Buenos Aires *Plaza de Mayo* und diejenigen in Santiago de Chile, La Paz und Lima *Plaza de Armas* heißen?

Die **Plaza de la Constitución** in Mexiko-Stadt, bekannt auch als *el Zócalo*, war schon vor der Eroberung Lateinamerikas der zentrale Platz dieser Metropole. Vor der Vernichtung der aztekischen Hauptstadt *Tenochtitlán* stand an dieser Stelle der Palast des Königs *Montezuma II.* (1465–1520).

Als Startpunkt für einen architektonischen Rundgang durch Perus Hauptstadt bietet sich die **Plaza de Armas** von Lima mit ihrem *Palacio del Gobierno*, der *Catedral de Lima* und dem *Palacio Arzobispal* an. Aber seien Sie auf jeden Fall um Punkt 12 Uhr vor dem Regierungspalast, denn dann findet hier die berühmte Wachablösung statt!

Die **Plaza Mayor** in Madrid ist unverwechselbar aufgrund der typischen Säulengänge, unter denen sich zahlreiche Lokale und Restaurants befinden. Seit jeher wird dieser Ort für vielfältige Zwecke genutzt. Heute sind es hauptsächlich Feste und Konzerte, die Madrilenen und Touristen anziehen. Am 15. Mai lässt sich dort der Stadtpatron Madrids, der Heilige *San Isidro*, ausgiebig feiern. Seit 1860 findet hier im Dezember der Weihnachtsmarkt statt. Es gehört zum Brauchtum, sich dort eine Perücke zu kaufen und damit durch die Stadt zu spazieren.

la ciudad

3 Un viaje cultural

Wussten Sie, dass …?

das *Museo del Prado* die wichtigste Sammlung spanischer Kunst des 12. bis 19. Jahrhunderts beherbergt? Hier können Sie unter anderem Gemälde von *Velázquez, Goya* und *El Greco* bewundern.

Tierras de cultura

Sie sind süchtig nach Kunst und Kultur? Dann haben Sie in den Metropolen der spanischsprachigen Welt besonders zu leiden – unter der Qual der Wahl! Und damit Sie bei all dem kulturellen Überfluss nicht vor verschlossenen Türen stehen, lernen Sie nun, nach Öffnungs- und Veranstaltungszeiten zu fragen, natürlich auf Spanisch …

1 ¿A qué hora abren?

Lesen Sie den Dialog und bringen Sie die Übersetzung in die richtige Reihenfolge.

1. Quiero ir al Museo del Prado.
2. ¿A qué hora abren los museos?
3. A las diez de la mañana.
4. ¿Y cuándo cierran?
5. A las ocho de la noche.
6. ¿Y qué hora es ahora?
7. Son las seis y media.
8. ¿Vamos?

- ☐ Um zehn Uhr morgens.
- ☐ Ich will zum Museo del Prado.
- ☐ Und wie spät ist es jetzt?
- ☐ Und wann schließen sie?
- ☐ Um wie viel Uhr öffnen die Museen?
- ☐ Gehen wir?
- ☐ Um acht Uhr abends.
- ☐ Es ist halb sieben.

2 ¿Qué hora es?

a. Beachten Sie, wie die Uhrzeiten hier auf Spanisch angegeben werden.

1. 15:00 Son las tres en punto.
2. 7:40 Son las ocho menos veinte.
3. 11:45 Son las doce menos cuarto.
4. 13:15 Es la una y cuarto.
5. 21:30 Son las nueve y media.
6. 10:10 Son las diez y diez.

b. *Zu zweit.* Fragen Sie sich gegenseitig nach der Uhrzeit.

•• ¿Qué hora es?
•• Son / Es…

¿Qué hora es?	Wie spät ist es?
¿A qué hora abre…?	Wann öffnet …?
¿Cuándo cierra…?	Wann schließt …?

Nach Uhrzeiten fragen

3 Lugares.

a. Was möchten Sie in Ihrem Urlaub gerne erleben? Vervollständigen Sie die Sätze mit den folgenden Wörtern.

un museo • un teatro • un cine • un restaurante • un bar • un banco • un supermercado • una discoteca

1. Quiero escuchar un concierto en ______________________.
2. Quiero ver una película en ______________________.
3. Quiero ver una exposición en ______________________.
4. Quiero comer una paella en ______________________.
5. Quiero cambiar dinero en ______________________.
6. Quiero bailar en ______________________.
7. Quiero comprar unos tomates en ______________________.
8. Quiero tomar una cerveza en ______________________.

b. Fragen Sie sich gegenseitig nach der Bedeutung der Ausdrücke.

•• **¿Qué significa "escuchar un concierto"?**
•• **Ein Konzert hören.**

Wussten Sie, dass ...?

der *bus turístico* in zahlreichen spanischsprachigen Städten die beste Möglichkeit ist, um in kurzer Zeit die interessantesten Orte und Sehenswürdigkeiten kennen zu lernen? Die Fahrkarten gelten für den ganzen Tag und Sie können ein- und aussteigen, so oft Sie wünschen.

querer
wollen

(yo) quiero	ich will
(tú) quieres	du willst
(él, ella) quiere	er, sie will
(usted) quiere	Sie wollen

4 Horarios.

Lesen Sie die unterschiedlichen Öffnungszeiten in Spanien und vervollständigen Sie die Sätze.

Museos:	de 10.00 a 19.00	Bancos:	de 8.30 a 14.00
Restaurantes:	de 14.00 a 16.00 y de 21.00 a 23.30	Bares:	de 8.00 a 24.00
Discotecas:	de 1.00 a 5.30	Supermercados:	de 10.00 a 21.00

1. Los ____________________ abren normalmente de las ocho de la mañana a las doce de la noche.
2. Las ____________________ cierran normalmente a las cinco y media de la mañana.
3. Los ____________________ cierran normalmente a las siete de la tarde.
4. Los ____________________ están abiertos de las diez de la mañana a las nueve de la noche.
5. Los ____________________ están cerrados a las dos del mediodía.
6. Los ____________________ abren de las dos a las cuatro de la tarde y de las nueve a las once y media de la noche.

abre/n	→ öffnet/-n
cierra/n	→ schließt/-en
está abierto	→ ist geöffnet
están cerrados	→ sind geschlossen

5 ¿A qué hora empieza…?

a. ▶ 10–11 Hören Sie zu und vervollständigen Sie beide Dialoge mit der jeweiligen Uhrzeit.

1.

¿A qué hora empieza la película?
Empieza a las _______________ de la noche.
¿Y a qué hora acaba?
No lo sé pero creo que acaba a las _______________.

2.

¿A qué hora sale el tren para Sevilla?
A las _______________ de la tarde.
¿Y cuándo llega a Sevilla?
A las _______________.

b. *Zu zweit.* Lesen Sie die Dialoge laut vor. Was bedeutet: *empezar, acabar, salir, llegar?*

•• "*Empezar*" significa…

a las ocho de la mañana	um 8 Uhr morgens	a las cinco de la tarde	um 5 Uhr nachmittags
a la una del mediodía	um 1 Uhr mittags	a las nueve de la noche	um 9 Uhr abends

Zeitangaben

Un poco más

1 Quiero…

Ergänzen Sie die Sätze mit folgenden Verben.

ver • comer • cambiar • tomar • bailar • comprar • escuchar

1. Quiero ______________________ en una discoteca esta noche.
2. ¿Quieres ______________________ una cerveza en un bar?
3. Quiero ______________________ un concierto en un teatro.
4. ¿Quiere ______________________ euros por pesos argentinos?
5. Quiero ir a ______________________ a un supermercado.
6. ¿Quieres ______________________ una paella?
7. Quiero ir al cine a ______________________ una película.

cerrar – abrir

el museo abre
→ los museos abre**n**
el bar cierra
→ los bares cierra**n**

2 Son las cinco de la mañana.

Vervollständigen Sie die Sätze mit den dazugehörigen Tageszeiten.

de la mañana • del mediodía • de la tarde • de la noche

1. (17.00) Son las cinco ______________________.
2. (13.00) Es la una ______________________.
3. (08.00) Son las ocho ______________________.
4. (14.00) Son las dos ______________________.
5. (21.00) Son las nueve ______________________.
6. (11.00) Son las once ______________________.

3 La hora en español.

▶ 12 Schreiben Sie die Uhrzeit auf Spanisch. Hören Sie zu und überprüfen Sie das Ergebnis mithilfe der Aufnahme.

1. 19:30 ______________________
2. 09:45 ______________________
3. 23:05 ______________________
4. 13:20 ______________________
5. 16:00 ______________________
6. 14:15 ______________________

4 Aquí los museos abren a…

Notieren sie die Öffnungszeiten folgender Einrichtungen in Ihrer Stadt.

1. Los museos normalmente abren a ______________________________.
2. Los bares normalmente cierran a ______________________________.
3. Las discotecas están abiertas de _______________ a _______________.
4. Los bancos están cerrados a ______________________________.
5. Los supermercados abren a ______________________________.

5 ¿Cómo se dice en español…?

Wie fragen Sie auf Spanisch, …

1. … wann der Bus nach Barcelona fährt? ______________________________
2. … wann die Diskothek schließt? ______________________________
3. … wann das Konzert endet? ______________________________
4. … wann der Film beginnt? ______________________________
5. … wann das Picasso-Museum öffnet? ______________________________
6. … wann der Zug in Madrid ankommt? ______________________________

Para hablar

Nach der Uhrzeit fragen

¿Qué hora es?
Son las cinco en punto.
Son las tres y cuarto.
Son las seis menos diez.
Son las nueve y media.
Es la una y cinco.

Geschlossen oder geöffnet?

El museo está abierto.
Los supermercados están cerrados.
La discoteca está abierta.
La estación está cerrada.

Nach den Öffnungszeiten fragen

¿A qué hora abren los museos?
Los museos abren de diez a siete.
¿Cuándo cierran los bancos?
A las dos.
¿A qué hora empieza…?
¿Cuándo acaba…?
¿A qué hora sale…?
¿Cuándo llega…?

Wünsche äußern

Quiero ver una exposición.

Als die Azteken um 1300 n. Chr. nahe der heutigen *Ciudad de México* auf eine gigantische verlassene Stadt stießen, waren sie überzeugt, sie könne nur von Göttern erbaut sein, und nannten sie Teotihuacán, „die Stadt, in der Menschen zu Göttern werden". Über 500 Jahre lang war sie zuvor das kulturelle und wirtschaftliche Zentrum Mittelamerikas und mit fast 200.000 Einwohnern eine der Metropolen der Welt. Doch warum ihre geheimnisvollen Erbauer sie um 650 n. Chr. plötzlich aufgaben, bleibt bis heute ein Rätsel.

Weltkulturerbe
in Spanien und Lateinamerika

Wussten Sie, dass ...?

die gesamte Iberische Halbinsel im frühen 8. Jahrhundert von den Mauren erobert wurde und weite Teile über Jahrhunderte unter islamischer Herrschaft blieben? Diese Epoche war ebenso durch religiöse Toleranz wie durch kulturelle und wissenschaftliche Blüte gekennzeichnet.

Machu Picchu: Der Name dieser Inka-Stadt bedeutet auf *Quechua* „alter Gipfel". Sie liegt im Süden Perus auf einer Höhe von fast 2.400 Metern und wurde wahrscheinlich Mitte des 15. Jahrhunderts erbaut. Wozu die „Stadt in den Wolken" aber diente, ist bis heute ungeklärt: Theorien reichen von einer Zufluchtstätte der Inka bis zu einem religiösen Zentrum.

„Selig ist das Auge, das diesen Garten der Schönheit sieht" – so lautet eine Inschrift im *Patio de los leones* der **Alhambra** von *Granada*. Und tatsächlich ist ein Besuch der maurischen Burgstadt aus dem 13. und 14. Jahrhundert ein einzigartiges Erlebnis. Wer die Festung *Alcazaba*, die zahlreichen Paläste und bezaubernden Gärten des *Generalife* besuchen will, sollte Eintrittskarten vorbestellen.

Wussten Sie, dass …?

Cusco, die Hauptstadt des Inkareiches, exakt in der Form eines Pumas gebaut war? Selbst die Zähne sind noch heute als Festungsmauern von *Sacsayhuamán* erkennbar.

4 De tiendas

la ciudad

Wussten Sie, dass ...?

Sie in der *calle Preciados* und der *calle Serrano* in Madrid richtig luxuriös shoppen können? Dort befinden sich die Boutiquen namhafter Designer. In Barcelona sollten Sie unbedingt das *Portal del Ángel* aufsuchen oder, wenn Sie es noch eleganter lieben, ist der berühmte *Paseo de Gracia* die richtige Adresse.

¡A comprar!

Wie wäre es mit einem Urlaubs-Souvenir, an dem Sie noch lange Freude haben? Vielleicht ein Kleidungsstück? Schließlich wäre dies in der aufstrebenden Modenation Spanien keine ganz abwegige Idee. Also, schreiten Sie zur Tat, am besten auf Ihren neuen spanischen Schuhen!

1 En una tienda.

a. 13–14 Hören Sie zu und vervollständigen Sie den Dialog mit folgenden Wörtern.

negras • una camisa • cuestan • estas • gafas de sol • blanca • cuesta • esta

1.

Buenos días. ¿Le puedo ayudar?
Sí. Quería ______________
¿De qué color?
____
¿De qué talla?
La talla XL.
¿Le gusta ______________?
Sí, me gusta mucho.
¿Cuánto ______________?
40 euros.
¿Dónde están los probadores?
Allí, al fondo.

2.

Hola. ¿Qué desea?
¿Tienen ______________?
Sí, ¿de qué color?
____
Mire, ¿le gustan estas?
Sí, me gustan mucho.
¿Cuánto ______________?
110 euros.
Son muy caras…
También tengo ______________
Solo cuestan 80 euros.
¡Perfecto!
¿Paga en efectivo o con tarjeta?
Con tarjeta, por favor.

b. *Zu zweit.* Hören Sie noch einmal und üben Sie gemeinsam.

¿Quería un/a…?	Ich möchte ein/e/en …
¿Tienen…?	Haben Sie …?
¿Cuánto cuesta/n?	Wie viel kostet/kosten?
¿Me lo/la/los/las puedo probar?	Kann ich ihn/sie anprobieren?
Es/son muy caro/-a/s/barato/-a/s.	Es ist sehr teuer/günstig.

Im Geschäft einkaufen

2 Números.

a. Lesen Sie die aufgeführten Zahlen laut vor. Können Sie die fehlenden ergänzen?

20 → veinte	21 → veintiuno	31 → ______
30 → treinta	22 → ______	32 → treinta y dos
40 → cuarenta	23 → veintitrés	33 → ______
50 → cincuenta	24 → ______	34 → treinta y cuatro
60 → sesenta	25 → veinticinco	35 → ______
70 → setenta	26 → ______	36 → treinta y seis
80 → ochenta	27 → veintisiete	37 → ______
90 → noventa	28 → ______	38 → treinta y ocho
100 → cien	29 → veintinueve	39 → ______

b. ▶ 15 Notieren Sie folgenden Zahlen. Überprüfen Sie anschließend mithilfe der Aufnahme.

1. 54 → ______
2. 63 → ______
3. 72 → ______
4. 96 → ______
5. 48 → ______
6. 81 → ______

3 ¿Dónde lo compro?

Wo können Sie diese Artikel kaufen? Ordnen Sie die Waren dem dazugehörigen Ort zu und fragen Sie sich gegenseitig wie im Beispiel.

1. un libro
2. un periódico
3. una blusa
4. un helado
5. un sello
6. unos zapatos

- ☐ una heladería
- ☐ una zapatería
- ☐ una tienda de ropa
- ☐ un estanco
- ☐ un quiosco
- ☐ una librería

el libro	→ **lo**
la blusa	→ **la**
los zapatos	→ **los**
las camisas	→ **las**

•• ¿Dónde puedes comprar *un libro*? *Lo* puedo comprar en…

200 – doscientos/-as
234 – doscientos/-as treinta y cuatro
300 – trescientos/-as
400 – cuatrocientos/-as
500 – quinientos/-as
600 – seiscientos/-as
700 – setecientos/-as
800 – ochocientos/-as
900 – novecientos/-as
1000 – mil

Zahlen von 200 bis 1000

4 ¿Qué significa en alemán…?

Zu zweit. Fragen Sie einander nach der Bedeutung folgender Wörter und tragen Sie diese ein.

- ¿Qué significa en alemán "sombrero"?
- *Hut.*

una camisa → ______		un gorro → ______	
una blusa → ______		una camiseta → ______	
unas gafas → ______		unos zapatos → ______	
unos pantalones → ______		un vestido → ______	
una falda → ______		unos calcetines → ______	
un abrigo → ______		un bañador → ______	

5 Los colores.

a. Lesen Sie diese Farbbezeichnungen laut vor.

negro, azul, marrón, blanco, rojo
naranja, verde, rosa, gris, amarillo

b. Welche Farben haben folgende Gegenstände? Vervollständigen Sie die Sätze.

Quería unos zapatos ______.

¿Tienen pantalones ______?

¿Cuánto cuesta la falda ______?

¿Me puedo probar el bañador ______?

¿Me gustan mucho las gafas de sol ______?

negro, blanco, rojo, amarillo
→ un abrigo negro
→ una camisa negra
→ unas gafas negr**as**
→ unos pantalones negr**os**

gris, marrón, azul
→ un bañador gris
→ una camiseta gris
→ unos zapatos gris**es**
→ unas camisetas gris**es**

verde, rosa, naranja
→ un gorro verde
→ una blusa verde
→ unos pantalones verde**s**
→ unas camisas verde**s**

Farben

Un poco más

1 Precios.

Schreiben Sie die folgenden Zahlen aus.

135 € → ______________________ 2.365 € → ______________________

728 € → ______________________ 893 € → ______________________

2 ¿Me lo puedo probar?

Vervollständigen Sie mit *lo*, *la*, *los* oder *las*.

¿Me ________ (los zapatos) puedo probar? Me gusta mucho. ¡Me ________ (el vestido) llevo!

¿Me ________ (la camiseta) puedo probar? ¿Se ________ (los pantalones) quiere probar?

Me ________ (las gafas de sol) llevo. ¿Se ________ (el abrigo) quiere probar?

3 Me gusta…

a. Welche Mode mögen Sie?

1. Me gusta mucho ______________________
2. No me gusta ______________________
3. Me gustan ______________________
4. No me gustan nada ______________________

b. *Zu zweit.* Sprechen Sie miteinander über Ihre modischen Vorlieben. Sie können sich duzen oder siezen.

- ¿Te / Le gustan las camisas negras?
- Sí, me gustan mucho.

4 ¿Cómo se dice en español…?

Wie sagen Sie auf Spanisch, …

1. … dass Ihnen der blaue Mantel gefällt? ______
2. … dass Sie die Größe L tragen? ______
3. … dass die Schuhe sehr teuer sind? ______
4. … dass Sie das rote Hemd kaufen möchten? ______
5. … dass Sie sich nur umschauen? ______

Wie fragen Sie auf Spanisch …

6. … nach dem Preis des schwarzen Kleides? ______
7. … nach der Umkleidekabine? ______

Para hablar

In einem Laden einkaufen

¿Le puedo ayudar?
Sí. Quería un / una…
¿Tienen…?
No, gracias. Solo estoy mirando.

¿De qué color quiere el vestido?
Rojo.

¿De qué talla?
La talla L.

¿Me puedo probar el vestido?
Sí, claro.

Nach dem Preis fragen

¿Cuánto cuesta el abrigo?
¿Cuánto cuestan los zapatos?

Über den Preis reden

Es muy caro / barato.

Gefallen ausdrücken

Me gusta mucho este bañador.
Me gustan mucho estos pantalones.
No me gusta esta falda.
No me gustan nada estas gafas.

Fragen, wie man etwas auf Spanisch sagt

¿Qué significa "*Hut*" en español?
Sombrero.

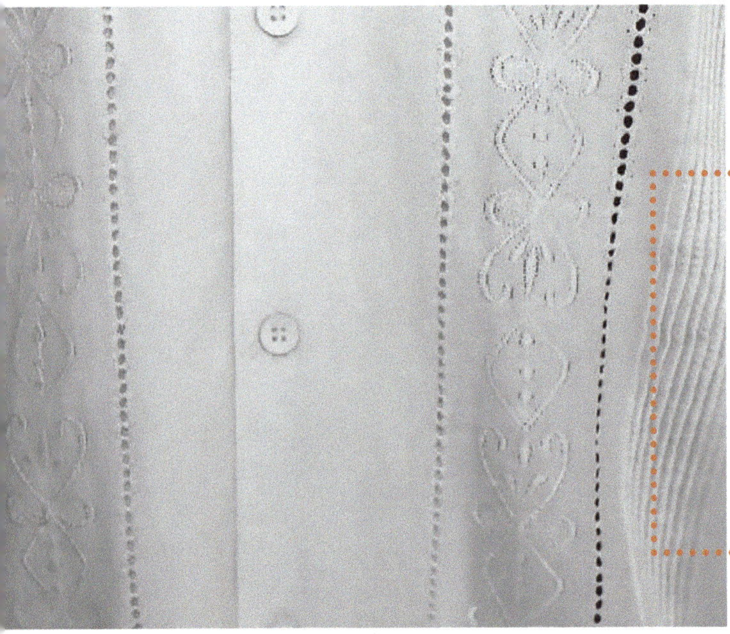

In vielen spanischsprachigen Ländern gibt es traditionelle Kleidungsstücke, die seit Jahrhunderten nie wirklich aus der Mode kamen. Dazu gehört die **guayabera**, ein Hemd aus Baumwolle, Seide oder Leinen, das seit dem 18. Jahrhundert von Männern in tropischen Ländern wie Mexiko, Kuba oder Venezuela getragen wird.

Der **poncho** ist besonders in den Anden, in Kolumbien, Chile, Argentinien, Peru oder Bolivien die Kleidung der Wahl, um sich vor der Kälte in großer Höhe zu schützen. Er wird sowohl von Frauen als auch von Männern getragen und aus Schafs- oder Alpakawolle hergestellt. In Mexiko heißt er *jorongo*.

Wussten Sie, dass ...?

bis in die 50er Jahre die klassische *mantilla* die spanische Frau bei jedem Kirchgang zierte? Heutzutage wird sie vor allem noch zum Stierkampf, zu Ostern oder bei einer eleganten Hochzeit getragen.

Der **jipijapa** oder Panama-Hut wird in Ecuador seit dem 17. Jahrhundert hergestellt. Sein deutscher Name stammt aus der Zeit, als der Panama-Kanal gebaut wurde. Tausende von *jipijapas* wurden damals importiert, damit die Arbeiter sich vor der Hitze schützen konnten. Ein Hutmacher benötigt bei traditioneller Herstellungsweise bis zu einen Monat, um einen *jipijapa* anzufertigen. Berühmtheiten wie Churchill, Humphrey Bogart oder Frank Sinatra waren große Fans dieser Hüte.

Typisch!

Wusstten Sie, dass ...?

die berühmten *abanicos* ursprünglich aus Asien stammen? Im 18. Jahrhundert war Spanien der erste Fächerhersteller weltweit. Früher benutzten sie ebenso Männer wie Frauen, so wie heute noch mitunter in Japan. Seit Anfang des 20. Jahrhunderts sind sie in Spanien den Frauen vorbehalten.

Obwohl man annehmen könnte, dass der **mantón de Manila** von den Philippinen kommt, stammt er tatsächlich aus China. Früher wurden viele chinesische Produkte, die nach Spanien oder Amerika exportiert wurden, über den Hafen von Manila verschifft. Er ist ein Kleidungsstück aus Seide, bestickt mit Blumen oder Vögeln, das man über den Schultern trägt. Heutzutage wird er vor allem noch von Flamenco-Tänzerinnen verwendet.

Repaso 1

De México DF a Buenos Aires

Unterwegs in Lateinamerika: eine Reise von Mexiko-Stadt nach Buenos Aires. Spielen Sie in Gruppen von drei bis vier Personen, mit Spielfiguren und einem Würfel. Der Reihe nach rückt jeder Spieler so viele Felder vor, wie er gewürfelt hat. Auf jedem Feld wartet eine Aufgabe auf Sie: eine Frage beantworten oder stellen, Wörter auflisten, Sätze ergänzen, durcheinandergeratene Sätze wieder in Ordnung bringen, das Gegenteil von etwas benennen usw.

México DF Salida ••▶

1 ¿De dónde es usted?

2 | Muchas gracias.
| …

3 ¿… se llama?

14 Son las nueve (21.00) de la…

15 El tren sale a las 9.00 y… a las 12.00.

16 ¿A qué hora… el concierto?

17 ¿una • tomar • bar • en • un • quiere • cerveza?

18 Cinco colores.

19

Lima (Perú) Avance ▶▶

20 | ¿Cuánto… la camisa?
| 50 euros.

21 ¿puedo • me • los • pantalones • probar?

Buenos Aires (Argentina) Llegada ◀••

Haben Sie die Aufgabe richtig gelöst, dürfen Sie auf dem Feld bleiben, sonst müssen Sie zurück zum Feld, auf dem Sie zuvor waren. Kommen Sie auf ein Feld mit Pfeilen, rücken Sie je nach Symbol zwei Felder vor (*Avance*) oder zurück (*Retroceda*). Wer als Erster das Feld *Llegada* erreicht, hat gewonnen.

4
Cinco cosas que hay en un hotel.

5
Trece, catorce, …

6

La Habana (Cuba) Avance ▶▶

7
Buenos días, buenas tardes, …

8
Perdone, ¿Dónde … el Museo del Prado?

9
¿… una parada de taxis, por aquí cerca?

10
Cinco transportes.

11
El museo… a las 10.00 y… a las 20.00.

12
¿Qué hora es?

13

Bogotá (Colombia) Retroceda ▶▶

22
Me gusta mucho…

23
_ST_NC_
P_RF_M_R_ _
T_ _ND_

24

Santiago (Chile) Retroceda ▶▶

25
Buenos días. ¿Le puedo ayudar?
…

26
No es caro, es…

Repaso 1

Quiz Hier haben Sie die Möglichkeit, Ihr Wissen zu testen. Lösungen finden Sie auf Seite 121.

1. ¿Habla español?
   - a. No, no mucho.
   - b. No, no poco.
   - c. No, no nada.

2. ___ suiza, de Zurich.
   - a. Soy
   - b. Quiero
   - c. Voy

3. ¡___ gracias!
   - a. Mucho
   - b. Muchas
   - c. Muchos

4. Perdone, ¿para ir ___ estación?
   - a. al
   - b. a la
   - c. a

5. ¿Sabe ___ está el Teatro Español?
   - a. cuándo
   - b. dónde
   - c. hay

6. ¿Para ___ a la calle de Alcalá?
   - a. querer
   - b. estar
   - c. ir

7. Perdone. ¿Este autobús ___ a Sevilla?
   - a. voy
   - b. va
   - c. vas

8. ¿A qué hora ___ el supermercado?
   - a. abre
   - b. sale
   - c. llega

9. En España los bancos están abiertos ___ las 8.30 ___ las 14.00.
   - a. de / al
   - b. a / de
   - c. de / a

10. Son ___ (14.45).
    - a. las tres y cuarto
    - b. las tres menos cuarto
    - c. las dos menos cuarto

11. Quería unos pantalones.
    - a. ¿De qué talla?
    - b. ¿A qué talla?
    - c. ¿Es qué talla?

12. La falda y la camisa son muy ___.
    - a. caro
    - b. caras
    - c. cara

13. Me gusta la camiseta. ___.
    - a. Me lo llevo
    - b. Me la lleva
    - c. Me la llevo

14. Quiero unos zapatos ___.
    - a. negro
    - b. negros
    - c. negras

15. El vestido cuesta (365) ___ euros.
    - a. trescientos setenta y cinco
    - b. trescientos cinco y sesenta
    - c. trescientos sesenta y cinco

16. Me ___ mucho estos pantalones.
    - a. gusto
    - b. gustan
    - c. gusta

el campo

1 De viaje

el campo

Wussten Sie, dass ...?

die Landhäuser, die *casas rurales*, eine Alternative zu den Touristenhochburgen bieten? Viele davon befinden sich in *Asturias* und in *Castilla y León*. Wenn Sie unterwegs sind und spontan eine Unterkunft suchen, wenden Sie sie sich an die örtlichen Touristeninformationsbüros, *oficinas de turismo*. Dort erhalten Sie Angebote aus den jeweiligen Regionen.

¡Aire puro!

16 Saubere Luft, klare Flüsse, historische Landschaften und unberührte Natur locken zu einem Urlaub der anderen Art. Wer gern die ländlichen Regionen bereisen möchte, sollte wissen, wie man fernab der Touristenzentren ein Zimmer reservieren und die notwendigen Informationen für einen gelungenen Aufenthalt einholen kann.

1 Quisiera reservar…

a. Sie sind unterwegs und möchten ein Zimmer buchen. Vervollständigen Sie den Dialog mit den folgenden Sätzen.

No, solo con desayuno. • Para 5 días. • Buenos días. Quisiera reservar una habitación. • Schneider. • Doble. • Birgit.

| ______________________________

| ¿Individual o doble?

| ______________________________

| ¿Para cuántos días?

| ______________________________

| Muy bien. ¿Con desayuno o media pensión?

| ______________________________

| ¿Su nombre, por favor?

| ______________________________

| ¿Y su apellido?

| ______________________________

| ¿Cómo se escribe su apellido?

| S-C-H-N-E-I-D-E-R.

b. 17 *Zu zweit.* Hören Sie zu und überprüfen Sie das Ergebnis. Üben Sie den Dialog mit verteilten Rollen.

Quisiera reservar una habitación.	Ich möchte ein Zimmer reservieren.
¿Para cuántos días?	Für wie viele Tage?
una semana/un mes	eine Woche/einen Monat
Solo con desayuno.	Nur mit Frühstück.

Ein Zimmer reservieren

2 La semana.

a. Lesen Sie die Wochentage laut vor.

lunes • martes • miércoles • jueves • viernes • sábado • domingo

b. 18 Welche Wochentage werden in den Dialogen genannt? Notieren Sie diese.

1. ____________ 4. ____________
2. ____________ 5. ____________
3. ____________

> **Wussten Sie, dass …?**
>
> in Spanien ausgiebig, oft und leidenschaftlich gefeiert wird? Besonders an religiösen Feiertagen mit zahlreichen Dorffesten zu Ehren der Schutzpatrone. Bei gut 1.200 Festen im Jahr müsste man theoretisch nie mit dem Feiern aufhören.

3 ¿Primavera, verano, otoño, invierno?

a. Welche Monate gehören zu welcher Jahreszeit? Ordnen Sie zu.

diciembre • febrero • octubre • abril • mayo • agosto • enero • septiembre • junio • noviembre • julio • marzo

Las estaciones del año

Primavera	Verano
....	....
....	....
....	....

Otoño	Invierno
....	....
....	....
....	....

b. Wann verreisen Sie am liebsten? Nennen Sie Ihre Lieblingsmonate.

Wann?

hoy	heute	la próxima semana	nächste Woche
mañana	morgen	el próximo año	nächstes Jahr
ayer	gestern	pasado mañana	übermorgen

4 ¿Una habitación con vistas?

a. Lesen Sie folgende Begriffe. Falls Sie ein Wort nicht kennen, fragen Sie im Kurs.

una habitación
- individual
- doble
- con baño
- sin baño

una habitación
- con vistas
- con desayuno
- con media pensión
- con pensión completa

b. 19–22 Vier Personen möchten ein Zimmer reservieren. Hören Sie zu und finden Sie heraus, welche Zimmer diese Personen buchen möchten.

1. ____________________
2. ____________________
3. ____________________
4. ____________________

5 El abecedario.

a. 23 Vier Personen haben ihre Namen auf dem Anrufbeantworter eines Hotels hinterlassen. Hören Sie die Namen und markieren Sie diejenigen Buchstaben, die anders sind als im Deutschen. Nehmen Sie bei Bedarf die Grammatik im Anhang zuhilfe.

| Hola, soy Rosa Piñasco, P – I – Ñ – A – S – C – O.

| Buenas tardes me llamo Charo Gorrea, C – H – A – R – O G – O – R – R – E – A.

| Buenos días soy Hugo Llanos, H – U – G – O L – L – A – N – O – S.

| Hola, soy José Valenzuela, J – O – S – É V – A – L – E – N – Z – U – E – L – A.

b. Erfinden Sie einen schwierigen Nachnamen, gehen Sie herum und buchstabieren Sie ihn auf Anfrage.

•• **¿Cómo se escribe su nombre?**

ü = u con diéresis
á = a con acento

Un poco más

1 Letras.

Kennen Sie spanische Wörter, die mit den folgenden Buchstaben beginnen? Vergleichen Sie anschließend die Ergebnisse.

m______________ t______________ s______________

b______________ d______________ n______________

c______________ g______________ p______________

r______________ v______________ l______________

2 Vocales.

Welche Vokale fehlen in diesen Wörtern? Tragen Sie ein.

H__B__T__C__ __N V__ __RN__S S__M__N__ D__S__Y__N__

D__C__ __MBR__ __T__Ñ__ B__Ñ__ __ND__V__D__ __L

3 ¿Cómo se escribe su nombre?

▶ 24–27 Hören Sie zu und notieren Sie die Namen.

1. ______________
2. ______________
3. ______________
4. ______________

4 ¿Qué día es?

a. Vervollständigen Sie die Sätze mit dem passenden Wochentag.

1. Hoy es ______________
2. Tengo clase de español los ______________
3. Mañana es ______________
4. Ayer fue ______________

b. Welche Wochentage fehlen noch? Ergänzen Sie sie.

____

5 ¿Para cuándo?

28-31 Für wann haben diese Personen reserviert? Notieren Sie.

1. ______________________ 3. ______________________

2. ______________________ 4. ______________________

6 Una reserva.

Vervollständigen Sie den Dialog mit eigenen Angaben.

| Buenos días. ______________________

| ¿Individual o doble?

| ______________________

| ¿Para cuándo?

| ______________________

| Muy bien. ¿Con desayuno, media pensión o pensión completa?

| ______________________

| ¿Su nombre, por favor?

| ______________________

| ¿Cómo se escribe su nombre?

| ______________________

Para hablar

Ein Zimmer reservieren
Quisiera reservar una habitación individual.
Quisiera una habitación solo con desayuno.

Ein Datum nennen
¿Para cuándo?
¿Para qué fecha?
Para el próximo fin de semana.
Para el viernes.
Del 7 al 12 de mayo.

An der Rezeption
Su nombre, por favor? - Birgit.
¿Y su apellido? - Schneider.

Mit oder ohne Badezimmer
¿Sin baño? - No, no, con baño.

Über die Wochentage sprechen
Hoy es lunes.
Mañana es martes.
Ayer fue domingo.

Eine der ursprünglichsten und außergewöhnlichsten Regionen der gesamten Iberischen Halbinsel ist Castilla-La Mancha. Über die *ruta de Don Quijote* taucht man in die weite, unendliche Ebene der *Mancha* ein, Heimat uralter Windmühlen, weltberühmter Weingüter und Schauplatz der Abenteuer von *Don Quijote* und *Sancho Panza*. Einige Orte sollte man sich auf dieser Zeitreise nicht entgehen lassen: *Toledo*, *Campo de Criptana*, *El Toboso*, *Almagro* und den Naturpark von *Tablas de Daimiel*. Als kulinarisches Souvenir bietet sich der *manchego* an, ein Hartkäse, der aus der Milch der Manchego-Schafe gewonnen wird.

Unterwegs in Spanien

Wussten Sie, dass …?

der 23. April, der Tag, an dem Miguel de Cervantes, spanischer Nationaldichter und Autor des Don Quijote de la Mancha, im Jahre 1616 starb, heute der Welttag des Buches ist? Am *Día del Libro*, nach katalanischem Brauch auch der Namenstag des Volksheiligen *Sant Jordí*, verschenkt man in Spanien traditionell Rosen und Bücher.

Einmal im Jahr erwacht das verschlafene Städtchen Almagro in *Castilla-La Mancha* zu neuem Leben. Im komplett erhaltenen Renaissance-Theater *Corral de Comedias*, einem grandiosen Innenhoftheater aus dem 16. Jahrhundert, und zahlreichen weiteren historischen Stätten findet das wichtigste Festival Spaniens für klassisches Theater statt.

Möchten Sie einmal eine Nacht in der berühmten *Alhambra* von Granada, im Kloster *San Pedro de Villanueva* aus dem 12. Jahrhundert oder im Herzogspalast von **Burgos** verbringen? *Parador Nacional* ist die offizielle Bezeichnung für staatlich betriebene exklusive Hotels, die in Gutshöfen, Schlössern, Burgen oder Klöstern untergebracht sind, oft auch in Naturreservaten. Damit wird seit 1926 die Förderung touristisch oder wirtschaftlich schwächer entwickelter, aber durchaus reizvoller Regionen Spaniens vorangetrieben. Weitere Informationen sind unter *www.paradores.es* zu finden.

Es gibt die unterschiedlichsten Arten und Wege, die Iberische Halbinsel kennen zu lernen. Seit Jahrhunderten ungebrochener Beliebtheit erfreut sich der Jakobsweg, **el Camino de Santiago**, bei dem man mindestens die letzten 100 km der Strecke zu Fuß bzw. die letzten 200 km zu Pferd oder mit dem Fahrrad bewältigen muss, um den Pilgerpass zu erhalten.

Man kann den Jakobsweg auf unterschiedlichen Routen zurücklegen. Während der Hauptweg, der *Camino Francés*, von den meisten Pilgern genutzt wird, ist die **Vía de la Plata** nach wie vor ein echter Geheimtipp. Diese alte Verbindungsstraße von Süden nach Norden, von *Mérida* (*Extremadura*) bis *Astorga* (*León*), wurde schon von den Römern genutzt und war bereits im ersten nachchristlichen Jahrhundert vollständig gepflastert. Sie durchquert u.a. *Cáceres*, *Salamanca* und *Zamora*.

2 En el mercado

el campo

Wussten Sie, dass …?

Sie auf dem *Mercat de la Boqueria* an den *Ramblas* von Barcelona schon seit dem 13. Jahrhundert eigentlich alles finden, was Land und Meer Spaniens an Essbarem bieten? Die hundertjährige Markthalle aus Stahl und Glas beherbergt ein wahres Feuerwerk an Farben, Köstlichkeiten und verlockenden Düften in überwältigender Vielfalt!

¡Qué tomates más ricos!

Wenn Sie das typische Landleben auf dem Dorf kennen lernen möchten, dann sollten Sie unbedingt einen Markt besuchen. Egal ob in den Anden oder in Andalusien – eins haben sie gemeinsam: die einzigartige Atmosphäre, das Aroma der frischen Früchte mit ihren wunderschönen Farben und das lebendige, laute Treiben beim Kaufen und Verkaufen. Ein Erlebnis der besonderen Art!

1 ¿Me pone un kilo de naranjas?

a. ▶ 32–33 Zwei Personen kaufen auf dem Markt ein. Hören Sie zu und notieren Sie, was gekauft wird.

1.

| Hola. ¿Qué le pongo?
| ¿Tienen ____________________?
| Sí, mire, estas son riquísimas.
| ¿Cuánto cuesta un kilo?
| Dos euros el kilo.
| Muy bien, pues deme __________ ____________________________.
| ¿Algo más?
| No, gracias. Eso es todo.

2.

| Hola. ¿Tiene ____________?
| Sí, claro.
| Póngame ______________.
| Muy bien. ¿Eso es todo?
| Sí, eso es todo. ¿Cuánto es?
| Un euro cuarenta.
| Aquí tiene.
| Gracias.

b. *In der Gruppe.* Verwandeln Sie den Kursraum in einen Wochenmarkt. Eine Hälfte der Gruppe erstellt eine Einkaufsliste und geht einkaufen, die andere Hälfte stellt die Verkäufer dar. Hier finden Sie einige Hilfssätze dazu.

¿Qué le pongo? • ¿Tienen naranjas? • ¿Cuánto cuesta un kilo? • Deme / Póngame un kilo. • ¿Algo más? • Eso es todo.

¿Qué le pongo?	Was darf ich Ihnen geben?
¿Tienen naranjas?	Haben Sie Orangen?
¿Cuánto cuesta un kilo?	Wie viel kostet ein Kilo?
Deme/Póngame medio kilo.	Geben Sie mir ein halbes Kilo.
¿Algo más?	Noch etwas?
Eso es todo.	Das ist alles.

Auf dem Markt einkaufen

2 Deme una…

a. Was ist was? Ordnen Sie zu.

1. queso	5. atún	☐ Lachs	☐ Käse
2. arroz	6. salmón	☐ Thunfisch	☐ Reis
3. pan	7. peras	☐ Brot	☐ Öl
4. aceite	8. sandía	☐ Birnen	☐ Wassermelone

b. ▶ 34 Hören Sie zu. Was kauft die Kundin? Tragen Sie das fehlende Wort ein.

1. una lata de ______________________
2. una barra de ______________________
3. una botella de ______________________
4. un paquete de ______________________
5. un trozo de ______________________

3 ¿Carne o pescado?

Ordnen Sie diese Nahrungsmittel den Kategorien Fleisch und Wurst, Fisch und Meeresfrüchte, Obst und Gemüse zu. Falls Sie ein Wort nicht kennen, fragen Sie Ihre/n Kursleiter/in.

chorizo • ternera • salmón • peras • mejillones • lechuga • manzanas • patatas • almejas • salchichón • ajos • bacalao • sandía • mandarina • cerdo • jamón

Carne y embutido

....

....

....

Pescado y marisco

....

....

....

En el mercado

Fruta

....

....

....

Verdura

....

....

....

4 ¿Una docena?

35–38 Hören Sie zu. Was wird gekauft und wie viel davon?

medio kilo de… • un cuarto de kilo de… • un litro de… • media docena de…

1. ______________________
2. ______________________
3. ______________________
4. ______________________

Wussten Sie, dass …?

dass die Bezeichnung *serrano* nur etwas über die Herstellung, nicht aber über die Herkunft von Schinken aussagt? Achten Sie stattdessen auf die Bezeichnung *jamón ibérico.*

5 ¿Cómo se dice en alemán…?

Was könnten diese Sätze auf Deutsch bedeuten?

1. ¡Qué salmón más fresco! ______________________
2. Estas peras son muy dulces. ______________________
3. No me gusta este aceite. ______________________
4. ¡Qué bueno este vino! ______________________
5. ¡Qué tomates tan ricos! ______________________
6. Estas manzanas están un poco verdes. ______________________

un trozo de queso	ein Stück Käse	un cuarto de kilo de jamón	ein Viertel Kilo Schinken
una barra de pan	eine Stange Brot	una docena de huevos	ein Dutzend Eier
medio kilo de tomates	halbes Kilo Tomaten	un paquete de arroz	ein Päckchen Reis

Mengen und Verpackungen

Un poco más

1 Alimentos.

Erstellen Sie auf Spanisch eine Liste mit Lebensmitteln, die Sie gerne essen. Falls Sie ein Wort nicht kennen, fragen Sie zunächst die anderen Kursteilnehmer, dann den / die Kursleiter/in.

Fruta: ______________________

Verdura: ______________________

Carne: ______________________

Pescado y marisco: ______________________

Embutido: ______________________

2 Una barra de pan.

Suchen Sie die fehlenden Wörter im Kreuzworträtsel und tragen Sie sie in die Sätze ein.

K	U	L	O	P	T	F
I	B	A	R	R	A	E
L	G	T	M	K	R	B
N	V	A	Q	I	U	R
B	O	T	E	L	L	A
E	H	T	R	O	Z	O

1. Póngame una ______________ de pan, por favor.
2. Quería una ______________ de atún.
3. ¿Me pone un ______________ de tomates?
4. Deme un ______________ de queso.
5. Una ______________ de agua, por favor.

3 Un kilo de…

Welche Menge dieser Produkte kauft der Kunde? Schreiben Sie die Angaben aus.

Hola. Deme…

1. ½ kg de naranjas: → ______________________
2. 250 g de salmón: → ______________________
3. ½ l de aceite: → ______________________
4. 6 huevos: → ______________________
5. 2 l de agua: → ______________________
6. 1 kg de patatas: → ______________________

4 Pan, tomates…

Vervollständigen Sie die Wörter. Wie heißt das Lösungswort?

1.			T	O		A	T	E	S
2.			A	C		I	T	E	
3.			N	A		A	N	J	A
4.		P	E	S		A	D	O	
5.				P		N			
6.		S	A	N		Í	A		
7.	Q	U	E	S					

5 ¿Cómo se dice en español…?

Wie sagen Sie dies auf Spanisch?

1. Geben Sie mir ein Stück Käse, bitte. ______________________
2. Wie viel kostet ein Kilo Tomaten? ______________________
3. Das ist alles. ______________________
4. Haben Sie Garnelen? ______________________

Para hablar

Lebensmittel einkaufen

Verkäufer:	**Kunde:**
¿Qué le pongo?	¿Tienen naranjas?
¿Qué desea?	Póngame medio kilo de aceitunas, por favor.
¿Algo más?	Deme un kilo de naranjas.
Aquí tiene.	Quería un poco de jamón.
	No, gracias. Eso es todo.

Lebensmittel beschreiben

No me gusta este aceite.
Estas manzanas están un poco verdes.

Mengen- und Verpackungsangaben

1 kg = un kilo
½ l = medio litro
¼ kg = un cuarto de kilo
una docena de huevos
un paquete de arroz
una botella de vino
una lata de tomate
una barra de pan
un trozo de queso

Nach dem Preis fragen und bezahlen

¿Cuánto cuesta un kilo de tomates?
¿Cuánto es (todo)?

Die Märkte der Anden sind eine Welt für sich – lautstark, kunterbunt und lebendig. Sie werden immer etwas Neues, Überraschendes, Faszinierendes entdecken: Meerschweinchen gleich neben grellroten Kartoffeln, Alpakadecken, Ponchos, Zaubermittel, die ausgefallensten Früchte. Sie gewinnen dabei einen Einblick in die Kultur von Völkern wie Quechua und Aymara – und Sie lernen die hohe Kunst des Feilschens!

Märkte in den Anden

Otavalo, auf 2.500 m Höhe im Norden Ecuadors gelegen, wird auch „Stadt der Märkte" genannt, denn es gibt hier gleich fünf verschiedene davon. Die meisten Touristen besuchen samstags den Markt an der Plaza de Ponchos – einen der besten Orte in Ecuador, um ein Souvenir zu kaufen. Das Angebot an Ponchos, bunten Tüchern, Wollmützen, Handgeknüpftem, farbenfrohen Wandteppichen, Holzschnitzereien, Panama-Hüten, bunt gestreiften Hängematten und vielem mehr ist riesig. Etwas ursprünglicher ist der ebenfalls samstägliche Viehmarkt, einer der größten Südamerikas.

Wenn Sie glauben, Sie wüssten, wie eine Kartoffel aussieht, schmeckt und riecht, lassen Sie sich auf einem Markt des *altiplano* eines Besseren belehren: Seit rund achttausend Jahren werden die **papas nativas** in der Gegend um den Titicacasee angebaut, und allein in Peru wachsen über 3.000 verschiedene Sorten unterschiedlichster Farben und Formen. Viele davon gedeihen nur hier. Und übrigens: Auch die Tomate stammt aus Peru.

Wer einen typisch peruanischen Markt der Anden besuchen möchte, der sollte sonntags nach *Chinchero* nordwestlich von *Cusco* fahren: Farbenprächtige Textilien und Kunsthandwerk, Obst, Gemüse und Süßkartoffeln in allen Variationen aus heimischer landwirtschaftlicher Produktion sind hier erhältlich. In Bolivien ist **La Cancha** in *Cochabamba*, etwa 200 km südöstlich von *La Paz*, sehr zu empfehlen, er erstreckt sich über zahlreiche Straßenzüge und Plätze und findet jeden Tag der Woche statt.

Wusten Sie, dass …?

es in *La Paz* einen Straßenmarkt nur für Zauberei gibt? In der *Calle Linares* auf dem *Mercado de las Brujas*, dem Hexenmarkt, köcheln Zauberinnen ihre Wundermittel für und gegen alles erdenkliche Unheil. Dort können Sie obskure Pulver, Salben und Amulette, aber auch getrocknete Lamaföten und Frösche, Schlangenfleisch und Dynamit-Zündschnüre kaufen – eben alles, was ein anständiger *curandero*, ein Heiler der *Aymara*, so braucht.

3 Sol y montaña

el campo

Wussten Sie, dass ...?

es in Spanien beeindruckende und wunderschöne Gebirgslandschaften gibt? Dazu gehören besonders die *Picos de Europa* im Norden mit allein 200 Bergen über 2.000 Metern.

¡Vamos a pie!

Beim Skifahren einen Panoramablick auf das Meer, an klaren Tagen sogar auf einen anderen Kontinent genießen, das ist wohl nur von den Gipfeln der *Sierra Nevada* möglich. Spanien entwickelt sich immer mehr zum Geheimtipp für Bergfans und Skibegeisterte. Ob das südlichste Skigebiet Europas, die Höhenlagen der Pyrenäen, des Kastilischen oder des Iberischen Gebirges: Der Berg ruft!

1 Allí llueve mucho, ¿no?

a. 39 Zwei Personen möchten ihren Urlaub in den Bergen verbringen. Hören Sie zu und vervollständigen Sie mit folgenden Wörtern.

montañas • vacaciones • a finales • bonito • queréis • sol • están • llueve • lagos

| Queremos ir de ______________________ a un cámping a los Picos de Europa.
| ¿Los Picos de Europa dónde ______________________?
| Son unas ____________ en el norte de España, en Asturias.
| Pero allí ______________________ mucho, ¿no?
| Bueno, en primavera sí pero en verano hace ______________________.
| ¿Es un lugar ______________________?
| ¡Precioso! Hay ______________________, ríos, bosques…
| Y vosotros, ¿cuándo ______________________ ir?
| Vamos a ir en verano, ______________________ de julio.
| ¡Qué envidia!

b. *Zu zweit.* Hören Sie den Dialog noch einmal und spielen Sie die Szene nach.

Los Picos de Europa están en el norte.	Die Picos de Europa sind im Norden.
Allí llueve mucho, ¿no?	Dort regnet es sehr, nicht wahr?
Queremos ir de vacaciones.	Wir möchten in Urlaub fahren.
¿Cuándo queréis ir?	Wann möchtet ihr gehen?
Vamos a ir finales de julio.	Wir werden Ende Juli fahren.
¡Qué envidia!	Wie ich dich/euch/Sie beneide!

Über den Urlaub sprechen

Wussten Sie, dass …?

Ávila, nordwestlich von Madrid am Fluss *Adaja* gelegen, mit über 1.100 Metern die höchstgelegene Provinzhauptstadt Spaniens ist? Sie existiert schon seit der Römerzeit, ist Weltkulturerbe und besitzt eine 2,5 Kilometer lange vollständig erhaltene romanische Stadtmauer mit 88 Türmen und neun Stadttoren.

2 De excursión.

Für eine Wandertour in den Bergen sind einige Dinge unverzichtbar. Ordnen Sie die spanischen Wörter ihren deutschen Bedeutungen zu.

1. la tienda de campaña	☐ Bergstiefel
2. la mochila	☐ Rucksack
3. las botas de montaña	☐ Zelt
4. el saco de dormir	☐ Berghütte
5. el refugio de montaña	☐ Schlafsack

3 En la montaña.

Zu zweit. Stellen Sie sich vor, Sie sind in einer Berghütte. Überlegen Sie gemeinsam, was es dort alles gibt. Wenn Sie ein Wort auf Spanisch nicht kennen, fragen Sie Ihre/n Kursleiter/in.

•• **Normalmente hay mochilas.**
•• **Y también hay sacos de dormir.**

4 ¿Adónde? ¿Cuándo?

a. ▶ 40–42 Drei Personen reden über ihre Urlaubspläne. Hören Sie zu und notieren Sie, wohin sie in den Urlaub wollen.

1. ____________ 2. ____________ 3. ____________

b. Hören Sie noch einmal den Dialog. Zu welchem Zeitpunkt wollen sie in den Urlaub?

1. ____________ 2. ____________ 3. ____________

5 ¿En el sur de España?

a. Wie gut kennen Sie sich in Spanien aus? Ordnen Sie die Städte ihren Standorten zu. Nehmen Sie eventuell eine Landkarte zu Hilfe.

- Valencia
- Madrid
- Málaga
- Santander
- Vigo

b. Tragen Sie nun das jeweils richtige Wort in die Lücken ein.

norte • sur • este • oeste • centro

1. Valencia está en el ______________________.
2. Madrid está en el ______________________.
3. Málaga está en el ______________________.
4. Santander está en el ______________________.
5. Vigo está en el ______________________.

6 Hace buen tiempo.

Was sagen Sie in diesem Fall? Ordnen Sie zu.

1. 
2. 
3. 
4. 

- ¡Cómo llueve!
- ¡Que viento hace!
- ¡Qué calor hace!
- ¡Hace frío!

¿Qué tiempo hace?	Wie ist das Wetter?
está nublado	es ist bewölkt
hay niebla	es ist neblig
llueve/nieva	es regnet/schneit
hace sol/calor	die Sonne scheint/es ist warm
hace buen/mal tiempo	es ist gutes/schlechtes Wetter
hace frío/viento	es ist kalt/windig

Das Wetter

Un poco más

1 En la montaña.

In dieser Lektion kamen folgende Wörter bereits vor. Vervollständigen Sie.

1. la tien______ de campa______
2. el bos______
3. el refu______ de monta______
4. el la______
5. el oes______
6. el nor______
7. las bo______ de monta______
8. la mochi______
9. el sa______ de dor______

2 ¿Cuándo vais a ir de vacaciones?

Zu zweit. Führen Sie einen kleinen Dialog mit einer Person aus dem Kurs. Wohin und wann möchten Sie in Urlaub fahren?

- Hola… ¿Adónde queréis ir de vacaciones?
- Queremos ir a Cádiz. Está en el sur de España.
- ¡Qué bien ! ¿Y cuándo queréis ir?
- En agosto. ¿ Y vosotros?
- …

	querer **wollen**	ir **gehen**
(nosotros/-as)	queremos	vamos
(vosotros/-as)	queréis	vais
(ellos, ellas, ustedes)	quieren	van

3 ¿Qué tiempo hace en el norte?

43-47 Hören Sie zu und tragen Sie ein, in welchem Dialog diese fünf Formulierungen vorkommen.

1. En el sur en verano normalmente ______________ y en invierno casi siempre ______________.
2. En el norte en verano a veces ______________ y en invierno ______________ y ______________.
3. En el este ______________________ pero en invierno a veces ______________ ______________ o ______________. Nunca ______________.
4. En el oeste en verano y en invierno muchas veces ______________ y ______________.
5. En el centro en invierno ______________ y en verano ______________.

siempre	immer
normalmente	normalerweise
muchas veces	oft
a veces	manchmal
nunca	nie

4 El tiempo en mi región.

Zu zweit. Wie ist das Wetter in Ihrem Land? Vervollständigen Sie die Sätze mit eigenen Angaben.

- **En invierno hace frío, ¿no?**
- **Y también...**

1. En invierno ______
2. En verano ______
3. En primavera ______
4. En otoño ______

5 ¿Cómo se dice en español...?

Wie sagen Sie dies auf Spanisch?

1. Wir möchten in den Urlaub nach Galicien. ______
2. Im Süden von Spanien ist es warm. ______
3. Wo liegt Cádiz? ______
4. Ende August fahren wir in die Pyrenäen. ______

Para hablar

Über Urlaubspläne sprechen
Queremos ir a los Pirineos.
¿Cuándo queréis ir?
Vamos a ir a finales de abril.

Reaktionen
¡Qué suerte!
¡Qué envidia!
¡Qué bien!

Zeiträume
A principios de año.
A finales de mes.
A mediados de la semana.

Gegensätze ausdrücken
En invierno hace frío pero en verano hace mucho calor.

Über das Wetter reden
En invierno siempre hace frío.
En abril llueve.
En enero normalmente nieva.
En junio muchas veces hace calor y hace sol.
En otoño a veces hace mucho viento.
En las islas nunca hace mal tiempo.

Nach einer Bestätigung fragen
Allí llueve mucho, ¿no?

Wussten Sie, dass ...?

... *Euskara*, die baskische Sprache, völlig eigenständig, uralt und mit keiner anderen Sprache Europas verwandt ist? Man geht davon aus, dass sie schon existierte, bevor sich in der Jungsteinzeit das Indoeuropäische verbreitete.

Aus der Region *Castilla*, deren Name auf die zahlreichen Burgen, die *castillos*, zurückgeht, stammt die andere Bezeichnung für das Spanische: castellano. Zwar wird Kastilisch weltweit von gut 500 Millionen Menschen gesprochen, doch ist es bei-leibe nicht die einzige Sprache Spaniens. Neben kleineren wie Aranesisch aus dem *Val d'Aran* oder dem Aragonesisch der Pyrenäen sind vor allem das Baskische, Katalanische und Galicische als offizielle Sprachen fester Bestandteil spanischer Sprachkultur mit großer Tradition. So war das Galicische, eng mit dem Portugiesischen verwandt, die Sprache, in der die berühmten mittelalterlichen *trovadores* der Halbinsel dichteten und sangen.

Sprachwelten

Katalanisch, das als Verbindungsglied zwischen dem Spanischen, Französischen und Italienischen gilt, wird in Katalonien mit seiner Hauptstadt Barcelona und ebenfalls in Andorra, Valencia und auf den Balearen gesprochen. Obwohl catalán für die übrigen Spanier nicht besser verständlich ist als etwa Italienisch, wird es von einem Großteil der Bevölkerung hier beherrscht und im öffentlichen Schriftverkehr, in Schulunterricht und Universitätsvorlesungen ebenso wie in einigen Medien der Region ganz selbstverständlich genutzt.

In *América Latina* wird bis auf Brasilien, Guyana und Belize überall *castellano* gesprochen. Daneben aber existiert eine ungeheure Vielfalt indigener Sprachen, von der Aztekensprache *Nahuatl* über die Mayasprachen Zentralamerikas, die Inkasprache *Quechua* und das Aymara bis zum *Mapudungun* der *Mapuche* im tiefen Süden. Manche sind vollkommen einzigartig wie das *Apaitsiiso* der Amazonas-*Pirahã*: Es wird gesungen, gepfiffen und gesummt und kommt ganz ohne Wörter für Zahlen, Farben, Vergangenheit oder Zukunft aus.

4 La gente

el campo

Wussten Sie, dass …?

spanische Männer, die einander gut kennen, sich per Handschlag begrüßen, Frauen aber in Spanien traditionell je einen angedeuteten Kuss zuerst auf die linke und dann auf die rechte Wange bekommen. Allerdings: In fast allen Ländern Lateinamerikas begrüßt man Frauen jedoch mit nur einem Wangenkuss.

¿Qué tal?

Reisen bildet nicht nur, es bringt auch neue Bekanntschaften! Und da man sich nicht nur über das Wetter unterhalten will, muss man ja noch etwas über sich erzählen oder sein Gegenüber fragen können. Hier erhalten Sie ein paar Tipps, um ins Gespräch zu kommen!

1 Este es Pedro.

a. Lesen Sie folgende Dialoge mit verteilten Rollen. In welchen Situationen könnten sie vorkommen?

1.

Kerstin, este es Pedro, un amigo que está también de vacaciones en Valencia.

¡Hola! ¿Qué tal?

¡Hola!

2.

¡Hola! ¿Qué tal? Soy María.

Encantado. Me llamo Klaus.

¿Estás aquí de vacaciones?

No, estoy trabajando en el hotel.

3.

Señor Meyer, le presento a la señora Rodríguez, es la directora del hotel.

Mucho gusto.

Encantada.

Wussten Sie, dass ...?

Sie mit *¿Qué tal? auch* Erkundigungen einholen oder Vorschläge machen können? *¿Qué tal el jamón?* bedeutet „Wie schmeckt der Schinken?" und durch *¿Qué tal el sábado?* klären Sie etwa, wie es mit einem Treffen am Samstag aussieht.

b. *Zu zweit.* Gehen Sie umher und spielen Sie die Szenen mit eigenen Angaben nach. Vergessen Sie nicht, einander entweder die Hand oder einen Wangenkuss zu geben!

•• Sabine, esta es Bettina, una compañera de clase.

Este es Pedro.	Das ist Pedro.
Le presento a la señora Rodríguez.	Darf ich vorstellen? Frau Rodríguez.
Mucho gusto.	Sehr erfreut.
Encantado/-a.	Angenehm.

Jemanden vorstellen

Wusssten Sie, dass …?

in Spanien nach Schätzung der deutschen Botschaft mehr Deutsche leben als etwa in Frankfurt am Main? Im Jahre 2003 ging man allein von bis zu 800.000 deutschen Altersresidenten aus, die sich ständig in Spanien, bevorzugt in den autonomen Regionen *Valencia*, *Andalucía* und *Mallorca* aufhalten.

2 ¿Está aquí de vacaciones?

48-52 Warum sind diese Personen in Spanien? Hören Sie zu und tragen Sie den jeweiligen Grund ein.

1. ______________________
2. ______________________
3. ______________________
4. ______________________
5. ______________________

3 La familia real.

a. Lesen Sie folgende Sätze. Um welche berühmte Familie handelt es sich?

1. Juan Carlos es el marido de Sofía.
2. Leticia es la mujer de Felipe.
3. Felipe es el hijo de Juan Carlos y de Sofía.
4. Elena y Cristina son hermanas.
5. Juan Carlos es el padre de Felipe, Elena y Cristina.
6. Leticia es la madre de Leonor.
7. Leonor es la nieta de Juan Carlos y de Sofía.
8. Juan Carlos es el abuelo de Leonor.

b. Wie heißen folgende Wörter auf Deutsch?

marido: ______	mujer: ______	hijo: ______
hija: ______	hermano: ______	hermana: ______
padre: ______	madre: ______	abuelo: ______
abuela: ______	nieto: ______	nieta: ______

c. *Zu zweit.* Erstellen Sie gemeinsam einen Stammbaum dieser Familie.

4 ¿Cuánto tiempo?

53–55 Diese drei Personen halten sich zurzeit in Spanien auf. Hören Sie zu, wenn nötig mehrmals, und antworten Sie auf folgende Fragen.

a. Seit wann sind diese Personen in Spanien?

1. ____________ 2. ____________ 3. ____________

b. Wie lange werden sie noch in Spanien bleiben?

1. ____________ 2. ____________ 3. ____________

5 ¿A qué se dedican? ¿Dónde trabajan?

a. In dieser Wortschlange sind Berufsbezeichnungen versteckt. Versuchen Sie, diese zu finden.

camarerorecepcionistaenfermeraperiodistaprofesorpeluqueradependientapolicía

b. Wo arbeiten diese Personen? Ordnen Sie zu.

•• **Un/a... trabaja en un/a...**

un hospital · una tienda · un restaurante · una peluquería · un periódico · una comisaría · un hotel · una escuela

c. Was machen Sie beruflich? Gehen Sie umher und fragen Sie sich gegenseitig wahlweise mit Sie oder mit du.

•• **¿A qué se dedica usted? / ¿A qué te dedicas?**
•• **Soy... / Trabajo en...**

6 ¿Cómo es?

Suchen Sie das jeweils passende Gegensatzpaar.

1. feo	5. rubia	☐ simpática	☐ pelo largo
2. baja	6. serio	☐ guapo	☐ morena
3. gordo	7. aburrida	☐ alta	☐ alegre
4. pelo corto	8. antipática	☐ delgado	☐ divertida

guapo/-a	hübsch	pelo largo	lange Haare	simpático/-a	nett
alto/-a	groß	moreno/-a	dunkel(haarig)	alegre	fröhlich
delgado/-a	schlank	rubio/-a	blond	divertido/-a	lustig

Charakter und Aussehen beschreiben

Un poco más

1 Presentaciones.

Vervollständigen Sie die Dialoge.

1.

| _______________ es Pedro, mi hermano.
| ¡Hola! ¿Qué _______________?
| ¡_______________!

2.

| Señor Schmidt, le _______________ al señor Márquez.
| Mucho _______________.
| _______________.

2 Mi familia.

a. Ergänzen Sie die Aussagen mit dem passenden Wort.

hermano • padre • abuelo • nieta • hijo

1. La hija de mi hijo es mi _______________.
2. El padre de su madre es su _______________.
3. El hermano de tu hija es tu _______________.
4. El hijo de nuestro padre es nuestro _______________.
5. El marido de vuestra madre es vuestro _______________.

Posesivos

mi hija	meine Tochter
tu hijo	dein Sohn
su hija	ihre / seine / Ihre Tochter
nuestros hijos	unsere Söhne / Kinder
vuestras hijas	eure Töchter
sus hijos	ihre / seine / Ihre Kinder

b. Und Ihre Familie? Sprechen Sie mit einer Person aus Ihrem Kurs über Ihre Familie, was sie macht, wie viele sie sind usw.

Mi marido se llama Ralf y es enfermero. Tengo un hijo. Mi hijo se llama…

3 ¿Quién es?

Wählen Sie eine Person aus Ihrem Kurs und beschreiben Sie sie auf einem Zettel, ohne sie zu benennen. Die anderen raten, um wen es sich handelt.

Es moreno y alto. Tiene el pelo corto. Es muy simpático y tiene dos hijos. Es policía.
¿Es el señor Ridel?
¡Sí! / ¡No!

4 ¿Cómo se dice en alemán…?

Wählen Sie die richtige Übersetzung.

1. Estoy de vacaciones con mi marido.
   - a. Ich habe meinen Mann im Urlaub kennen gelernt.
   - b. Mein Mann ist auf Geschäftsreise.
   - c. Ich mache mit meinem Mann Urlaub.

2. Estoy aquí por motivos de trabajo.
   - a. Ich bin beruflich hier.
   - b. Ich mache hier Urlaub.
   - c. Ich bin als Fotograf hier.

3. Estoy jubilado/-a.
   - a. Ich freue mich sehr auf den Urlaub.
   - b. Ich bin pensioniert / im Ruhestand.
   - c. Ich arbeite noch bis Juni.

4. Estoy aquí de visita.
   - a. Ich bin als Arzt hier.
   - b. Ich bin zu Besuch hier.
   - c. Ich lade dich ein.

estar

sein, sich befinden

(yo)	estoy
(tú)	estás
(él, ella o usted)	está
(nosotros/-as)	estamos
(vosotros/-as)	estáis
(ellos, ellas, ustedes)	están

Para hablar

Sich vorstellen

Este es Carlos, mi hermano. Está aquí también de vacaciones.
¡Hola! ¿Qué tal?
Señora Müller, le presento al señor Jiménez.
Mucho gusto.
Encantado/-a.

Den Charakter / das Aussehen einer Person beschreiben

Es muy divertido/-a.
Es bastante simpático/-a.
Es un poco serio/-a.
Es muy guapo/-a.
Tiene el pelo largo.

Gründe für den Aufenthalt

¿Está aquí de vacaciones?
Sí, estoy de vacaciones con mi marido.
No, estoy estudiando español.
No, estoy trabajando.
No, estoy aquí por motivos de trabajo.
No, estoy de visita. Tengo una hija que vive aquí.
No, vivo aquí. Estoy jubilado/-a.

Wie lange …?

Llevo dos semanas en Santiago.
Nos quedamos en Asturias una semana más.

Über den Beruf sprechen

¿A qué se dedica?
¿Dónde trabajas?
Soy arquitecto pero trabajo en un restaurante.

Fiesta ist wohl das in aller Welt bekannteste spanische Wort. Dies hat seinen Grund. Ob in *España*, in *Cuba* oder in *Argentina*: Feste sind ein häufiger und unverzichtbarer Bestandteil der spanischen und lateinamerikanischen Kultur. Sollten Sie auf Ihrer Reise die Möglichkeit haben, Feierlichkeiten wie den Día de Muertos in *México*, die *Semana Santa* in *España*, den *Carnaval* in *Colombia*, *Bolivia* oder *Uruguay* zu erleben, lassen Sie sich dies keinesfalls entgehen!

¡Fiesta!

Der Carnaval de Barranquilla wird seit mehr als einem Jahrhundert gefeiert und ist das größte Volksfest in Kolumbien und einer der bedeutendsten Karnevale der Welt. Wichtigstes Element sind die Tänze und die folkloristische Musik afrikanischen Ursprungs wie *salsa*, *merengue* oder *cumbia*. Die Blumenschlacht, *batalla de las flores*, ist Höhepunkt und besonderes Schauspiel: Bei diesem großen Umzug werfen die Blumenkönigin und ihre Prinzen und Prinzessinnen Blumen ins Publikum.

In der Woche vor dem 19. März feiert **Valencia** das Frühlingsfest, die berühmten *Fallas*. Während dieser Tage ist die Stadt angefüllt mit Musik, Feuer und Krach. In jeder Straße, an jedem Platz wird eine *Falla* gebaut. Hauptattraktion sind teils haushohe Skulpturen aus Pappmaché und anderen Materialien, die am letzten Tag des Festes feierlich verbrannt werden. Nur eine Puppe, *ninot* genannt, wird verschont und erhält einen Ehrenplatz neben ihren Vorgängern im eigens dafür gebauten Museum.

Wusssten Sie, dass …?

viele Mexikaner den *Dia de Muertos* auf dem Friedhof am Grab ihrer Lieben mit Musik, Tanz und gutem Essen verbringen? Nach altmexikanischem Glauben kommen die Toten einmal im Jahr am Ende der Erntezeit zu Besuch aus dem Jenseits und feiern gemeinsam mit den Lebenden ein fröhliches Wiedersehen.

Das **Inti Raymi** oder *Fiesta del Sol* war eine religiöse Zeremonie der Inka zu Ehren der Sonne. Seit 1944 finden jährlich am 24. Juni in der alten Inkafestung von *Sacsayhuaman* bei *Cusco* Theaterdarstellungen des Festes statt, zu denen tausende Touristen und Besucher aus der Umgebung kommen.

Repaso 2

El camino de Santiago

Wir pilgern auf dem Jakobsweg. Spielen Sie in Gruppen von drei bis vier Personen, mit Spielfiguren und einem Würfel. Der Reihe nach rückt jeder Spieler so viele Felder vor, wie er gewürfelt hat. Auf jedem Feld wartet eine Aufgabe auf Sie: eine Frage beantworten oder stellen, Wörter auflisten, Sätze ergänzen, durcheinandergeratene Sätze wieder in Ordnung bringen, das Gegenteil von etwas benennen usw.

Roncesvalles Salida

1 ¿Cómo se escribe su apellido?

2 ¿Qué día de la semana es hoy?

3 Los meses del año.

Camino de Santiago Avance

20 ¿A qué se dedica?

21

22 El padre de tu madre es tu…

23 ¿Dónde trabaja?

19 Mucho gusto. | …

18 ¿Adónde quiere ir de vacaciones este verano?

17 Santiago… en el oeste de España.

16 frío • mucho • en • hace • invierno.

15 Nosotros… a ir de vacaciones a Ibiza.

Santiago de Compostela Llegada

29 ¿Está aquí de vacaciones? | …

Haben Sie die Aufgabe richtig gelöst, dürfen Sie auf dem Feld bleiben, sonst müssen Sie zurück zum Feld, auf dem Sie zuvor waren. Kommen Sie auf ein Feld mit Pfeilen, rücken Sie je nach Symbol zwei Felder vor (*Avance*) oder zurück (*Retroceda*). Wer als Erster das Feld *Llegada* erreicht, hat gewonnen.

4 Una habitación puede ser individual o…

5 D _ S _ Y _ N _

6

Santa Eulalia — Avance ▶▶

7 Primavera, verano, otoño,…

8 Póngame una barra de…

9 ¿Desea algo más?

10 Tres frutas.

11 En español: Mir schmeckt dieser Wein nicht.

12 Quería una lata de…

13

concha de peregrino — Retroceda ▶▶

14 Norte, sur, este y…

24 ¿Cómo es su profesor/a?

25 | Esta es mi amiga Marta.
| …

26

Palacio Episcopal, Astorga — Retroceda ▶▶

27 ¿Dónde trabaja un dependiente?

28 En alemán: Llevo dos semanas de vacaciones aquí.

Repaso 2

Quiz Hier haben Sie die Möglichkeit, Ihr Wissen zu testen. Lösungen finden Sie auf Seite 123.

1. Hoy es jueves y ayer fue ___.
   - a. viernes
   - b. martes
   - c. miércoles

2. ¿___ baño o ___ baño?
   - a. Con / de
   - b. Con / sin
   - c. De / sin

3. ¿___ cuándo quiere la habitación?
   - a. Por
   - b. Para
   - c. En

4. ¿Algo más? – No, gracias. Eso es ___.
   - a. todo
   - b. nada
   - c. bueno

5. ¿___ cuesta un kilo de mejillones?
   - a. Cuántos
   - b. Cuándo
   - c. Cuánto

6. Deme una ___ de vino.
   - a. lata
   - b. botella
   - c. barra

7. El bacalao es ___.
   - a. una carne
   - b. un pescado
   - c. un embutido

8. ¡Qué tomates ___ ricos!
   - a. son
   - b. muy
   - c. tan

9. ¿Dónde ___ los Picos de Europa?
   - a. están
   - b. son
   - c. hay

10. En verano normalmente ___ sol.
    - a. es
    - b. hace
    - c. está

11. Santander está ___ norte de España.
    - a. en
    - b. en el
    - c. en la

12. El padre de mi padre es mi ___.
    - a. marido
    - b. abuelo
    - c. hijo

13. ___ dos semanas en Gran Canaria.
    - a. Llevo
    - b. Quedo
    - c. Hago

14. Estoy en Bogotá ___ visita. Tengo un hijo que vive aquí.
    - a. por
    - b. de
    - c. para

15. Es rubia y es ___ simpática.
    - a. más
    - b. mucho
    - c. muy

16. | ¿A qué se dedica?
    | ___ arquitecto.
    - a. Estoy
    - b. Soy
    - c. Trabajo

la playa

la playa

1 Al aire libre

Wussten Sie, dass …?

im Strandmekka Spanien mit seinen 4.900 km langen Küsten einige der schönsten Strände im eher kühleren Norden liegen? Die galicische *Praia de Carnota*, die *Playas del Sardinero* in Kantabrien und die *Playa de la Concha* der Basken etwa können den Stränden des Südens in punkto Romantik, Tradition und Erlebnisreichtum jederzeit das kristallklare Wasser reichen.

Vamos a la playa

▶ 56 Um sich unter der spanischen Sonne im warmen Sand zu räkeln, braucht es nicht viele Worte. Aber spätestens, wenn es darum geht, mit Ihren spanischen Strandnachbarn zu plaudern, sollten Ihre Spanischkenntnisse wasserfest sein. Also: ¡Vamos!

1 ¡Me encanta el mar!

a. *Zu zweit.* Wie sieht ein normaler Urlaubstag aus? Ordnen Sie zu.

ich nehme • ich stehe auf • ich gehe spazieren • ich miete • ich frühstücke • ich esse zu Abend • ich schwimme • mich begeistert • ich schlafe • ich esse

me levanto: ______	desayuno: ______
duermo: ______	paseo: ______
tomo: ______	me encanta: ______
nado: ______	alquilo: ______
ceno: ______	como: ______

b. ▶ 57 Zwei Personen unterhalten sich über einen typischen Urlaubstag am Strand. Hören Sie zu und ergänzen Sie.

| Me gusta mucho estar de vacaciones en la playa.

| ¡A mí también! ______ el mar.

| ______ por la mañana, ______, ______ en la piscina. Más tarde, ______ un poco el sol.

| ¿Hasta qué hora?

| Hasta las dos. Luego ______.

| ¿Y después?

| ______ una siesta y después ______ una bicicleta y ______ por el pueblo. Por la noche ______ a las diez.

| ¡Qué tarde!

Me encanta el mar. Mich begeistert das Meer.
A mí también. Mir auch / ich auch.
A mí no. Mir nicht / ich nicht.

Vorlieben und Gewohnheiten

2 Deportes.

Welche Aktivitäten unternehmen Sie gern in Ihrem Urlaub?

montar a caballo • hacer gimnasia • montar en bicicleta • bucear • hacer surf • nadar • hacer esquí acuático • hacer vela • jugar al tenis

•• **En mis vacaciones normalmente nado, juego al tenis y buceo.**
•• **¿Y tú, qué haces en tus vacaciones?**

3 Una excursión.

a. 58-59 Zwei Touristen informieren sich über Ausflugsmöglichkeiten auf den Kanarischen Inseln. Wofür entscheiden sie sich? Hören Sie zu und notieren Sie die passenden Antworten.

1. Excursión al Parque Nacional del Teide.
2. Visita a Santa Cruz.
3. Excursión en barco a la isla de La Gomera.
4. Cena espectáculo en el restaurante Las Cañadas.
5. Paseo en camello.

1. ____________________ 2. ____________________

b. Hören Sie noch einmal zu und überprüfen Sie Ihre Antworten.

	nadar **schwimmen**	hacer **machen**	jugar **spielen**
yo	nad**o**	hag**o**	**ju**eg**o**
tú	nad**as**	hac**es**	**ju**eg**as**
él	nad**a**	hac**e**	**ju**eg**a**
nosotros	nad**amos**	hac**emos**	jug**amos**
vosotros	nad**áis**	hac**éis**	jug**áis**
ellos	nad**an**	hac**en**	**ju**eg**an**

**montar* und *bucear* werden genauso wie *nadar* konjugiert.

Wussten Sie, dass …?

Sie nicht in die Karibik müssen, um sich wie Robinson zu fühlen? Gut 5 km lang und makellos eben erstreckt sich im äußersten Nordwesten Andalusiens entlang türkisen Wassers der pudrig feine Sand der *Playa Isla Canela*, der „Zimtinsel".

4 A mí también.

a. *Zu zweit.* Lesen Sie folgende Dialoge. Was bedeuten die Antworten? Stellen Sie gemeinsam Vermutungen an.

1. | Me encanta hacer surf.
   | A mí no.
2. | Me gusta mucho nadar.
   | A mí también.
3. | No me gusta montar a caballo.
   | A mí sí.
4. | No me gusta nada jugar al tenis.
   | A mí tampoco.

b. *Zu zweit.* Notieren Sie, was Sie gerne machen.
Lesen Sie anschließend Ihre Sätze laut vor. Ihr/e Kurspartner/in reagiert nun auf Ihren Satz.

•• No me gusta hacer surf.
•• A mí tampoco.

5 Quería alquilar…

a. 60 - 62 Welche Gegenstände werden hier am Strand gemietet? Hören Sie zu und notieren Sie die passenden Angaben aus den Dialogen.

una bicicleta • una moto • una tabla de surf • un barco de vela • un patín acuático • una tumbona y una sombrilla

1. ______________________
2. ______________________
3. ______________________

Wussten Sie, dass …?

dass es auch auf Mallorca noch wunderschöne, entlegene Buchten zu entdecken gibt? Sie müssen nur ein wenig sportlich sein und etwa die 122 Stufen zur *Cala S'Amonia* bei *Es Llombards* hinabsteigen oder weiter über die Felsen zur *Cala de sa Comuna* kraxeln. Aber bitte mit festem Schuhwerk!

b. Hören Sie noch einmal zu. Wie viel müssen die Personen für das Ausleihen bezahlen?

c. *Zu zweit.* Was benötigen und mieten Sie, wenn Sie am Strand sind? Berichten Sie im Kurs darüber.

•• Nosotros alquilamos una bicicleta. Nos encanta ir en bicicleta.
•• Pues nosotros alquilamos tumbonas y una sombrilla. Nos gusta mucho estar en la playa y tomar el sol.

Nado en la piscina por la mañana.	Ich schwimme morgens im Schwimmbad.
Más tarde tomo un poco el sol.	Später sonne ich mich etwas.
Después hago surf.	Danach surfe ich.

Gewohnheiten

Un poco más

1 Sol, siesta…

Welche Begriffe passen zueinander? Ordnen Sie zu.

1. dormir	☐	de vacaciones
2. estar	☐	en la piscina
3. nadar	☐	a caballo
4. alquilar	☐	una siesta
5. montar	☐	al tenis
6. jugar	☐	el sol
7. tomar	☐	un barco de vela

levantarse	desayunar
aufstehen	**frühstücken**
me levanto	desayuno
te levantas	desayunas
se levanta	desayuna
nos levantamos	desayunamos
os levantáis	desayunáis
se levantan	desayunan

2 Un día normal.

▶ 63 Carmen berichtet über ihren Tagesablauf. Wann übt sie welche Aktivitäten aus? Hören Sie zu und vervollständigen Sie.

1. Se levanta a las ________________.
2. Desayuna a las ________________.
3. Sale de su casa a las ________________.
4. Come a las ________________.
5. Llega a casa a las ________________.
6. Cena a las ________________.
7. Se acuesta a las ________________.

comer	salir	acostarse
essen	**(hin)ausgehen**	**ins Bett gehen**
como	salgo	me acuesto
comes	sales	te acuestas
come	sale	se acuesta
comemos	salimos	nos acostamos
coméis	salís	os acostáis
comen	salen	se acuestan

3 ¿Hacer o jugar?

Vervollständigen Sie folgende Sätze mit der korrekten Form von *hacer* oder *jugar*.

1. Normalmente nosotros ________________ vela en Mallorca.
2. Mi hijo ________________ al fútbol los fines de semana.
3. Yo no ________________ al tenis.
4. ¿Tú ________________ surf en verano?
5. ¿Ustedes ________________ al golf en Marbella?
6. ¿Vosotros ________________ al fútbol?
7. Helmut y yo no ________________ al voleibol.

4 ¿Cómo se dice en español…?

a. Wie fragen Sie dies auf Spanisch?

1. Wann stehst du im Urlaub auf ? ______
2. Wann frühstückst du? ______
3. Sonnst du dich gern? ______
4. Machst du im Urlaub einen Mittagsschlaf? ______
5. Um wie viel Uhr isst du zu Mittag? ______
6. Wann isst du im Urlaub zu Abend? ______

b. *Zu zweit.* Fragen Sie sich gegenseitig und berichten Sie anschließend im Kurs darüber.

¿Anette, a qué hora te levantas cuando estás de vacaciones?
Anette, cuando está de vacaciones se levanta a las 10.

Para hablar

Über Gewohnheiten reden
¿Qué haces en tus vacaciones?
En mis vacaciones nado, juego al tenis y buceo.
Desayuno a las seis y media. Después salgo de casa a las siete.

Informationen einholen
Quisiera información sobre las excursiones que ofrecen.
¿Podría darnos / darme información sobre las actividades que ofrece el hotel?

Zustimmung oder Ablehnung
Me encanta nadar.
A mí también. / A mí no.
No me gusta tomar el sol.
A mí tampoco. / A mí sí.

Mieten / ausleihen
Quería alquilar una tumbona y una sombrilla.
¿Para todo el día?
No, solo para medio día.

Vorlieben und Abneigungen äußern
(+++) Me encanta jugar al fútbol.
(++) Me gusta mucho hacer surf.
(+) Me gusta dormir la siesta.
(-) No me gusta mucho hacer gimnasia.
(- -) No me gusta bucear.
(- - -) No me gusta nada montar a caballo.

Nach dem Preis fragen
¿Cuánto cuesta por persona?

Reservieren
¿Podría reservar una mesa para cuatro?

Passen gut elf Millionen Menschen auf ein Reptil? Zumindest, wenn es nach Alexander von Humboldt geht, der fand, die Form von Cuba erinnere an ein Krokodil. Und nicht nur die Form ist einzigartig: Der Staat besteht aus über 1.600 kleineren Inseln und der *Isla de la Juventud* mit ihrer Hauptstadt *La Habana*, der *Perla del Caribe*. Auf dem Naturparadies Kuba scheint an 330 Tagen im Jahr die Sonne und die Wassertemperatur liegt immer zwischen 25 und 28 Grad.

Eine Kreuzfahrt durch die Karibik

Wussten Sie, dass …?

der *Tocororo* als Nationalvogel des freiheitsliebenden Kuba gilt, weil sein Gefieder die Farben Rot, Blau, Weiß der Flagge hat und es heißt, dass er in Gefangenschaft sterbe?

Venezuela ist mit seinen 2.800 km Küste der größte Anrainerstaat der Karibik und nennt einige hundert, meist unbewohnte Inseln sein Eigen. Die bekannteste Ausnahme ist sicher die *Isla Margarita*, eine der Inseln unter dem Winde. Ein echter Geheimtipp ist aber das Archipel Los Roques: früher ein Versteck für Piraten, heute ein Paradies für Taucher und Ruhesuchende.

Die ehemalige Fischerinsel *Cancún*, heute über einen Damm mit der Halbinsel von Yucatán verbunden, ist inzwischen eine Großstadt und eines der touristischen Zentren Mexikos. Die Hauptstadt der *Riviera Maya* ist berühmt für ihre feinsandigen, weißen Strände und ein fantastisches Nachtleben. Ebenfalls ein Vorzug: Die weltberühmten Maya-Ruinen des Weltkulturerbes *Chichén Itzá* und von Tulum sind nur einen Tagesausflug entfernt.

Cartagena de Indias ist mit fast 500 Jahren nicht nur eine der ältesten, sondern auch eine der schönsten Kolonialstädte Südamerikas. Ihr hat *Gabriel García Márquez* mit seinem Roman „Die Liebe in den Zeiten der Cholera" ein Denkmal gesetzt. Und nur 30 Minuten entfernt finden Sie Trauminseln, an denen Sie ungestört surfen und tauchen können, bei nahezu konstanten 30 Grad!

2 El menú del día

la playa

Wussten Sie, dass ...?

es in allen spanischen Restaurants Pflicht ist, an Werktagen ein günstiges Menü anzubieten? Dafür sind zwei Gänge, ein Nachtisch und ein Getränk vorgeschrieben und auch Brot gehört immer auf den Tisch.

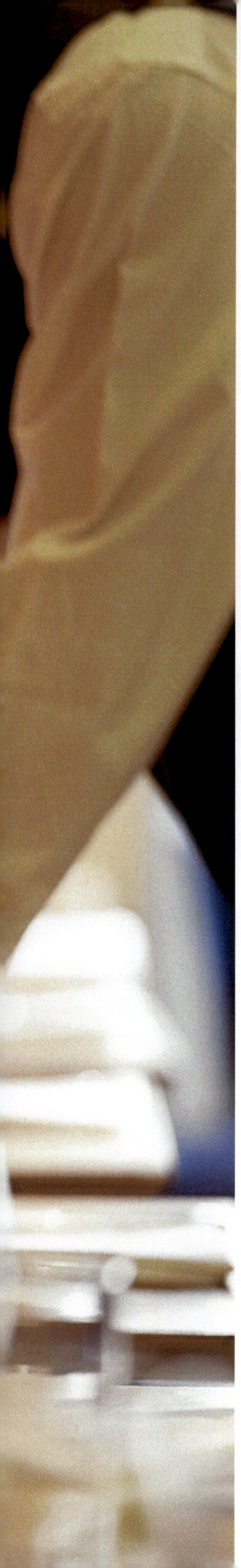

¡Qué bueno!

Ob Sie gerade in einem einfachen Strandlokal essen oder in einem feinen Restaurant dinieren: Der Wortschatz, den Sie jeweils benötigen, bleibt ungefähr gleich – nur dass Sie bei Letzterem vielleicht ein paar Sätze mehr und einen größeren Geldbeutel benötigen. *¡Que aproveche!*

1 De primero quiero…

a. In Spanien ist es grundsätzlich üblich, in einem Restaurant drei Gänge zu bestellen: Vorspeise, Hauptgericht und Nachtisch. Können Sie diese Begriffe den verschiedenen Kategorien zuordnen? Falls Sie nicht alle kennen, fragen Sie im Kurs.

ensalada • bistec con patatas • pescado a la plancha • fruta del tiempo • flan • paella • macarrones • sopa de verduras • pollo con arroz • agua • yogur • helado • vino • calamares a la romana • arroz con leche • agua con gas • cerveza

primer plato	segundo plato	postre	bebida

b. ▶ 64 Hören Sie zu und notieren Sie, welche Gerichte dieses Ehepaar bestellt.

1. Él pide de primero ______________________, de segundo ______________________ y de postre ______________________.
2. Ella pide de primero ______________________, de segundo ______________________ y de postre ______________________.

c. Hören Sie erneut und notieren Sie, was das Ehepaar trinken möchte.

1. Para beber, él pide ______________________.
2. Para beber, ella pide ______________________.

De primero quiero una ensalada.	Als Erstes einen Salat.
De segundo quiero pollo con arroz.	Als Hauptgericht Reis mit Hühnchen
De postre quiero un flan.	Zum Nachtisch einen Flan-Pudding.

Im Restaurant

2 ¿Frito o a la plancha?

a. Es gibt verschiedene Weisen, ein Gericht zuzubereiten. Wissen Sie, was folgende Begriffe bedeuten? Ordnen Sie sie ihren deutschen Bedeutungen zu.

1. frito	☐ roh
2. asado	☐ gebraten
3. guisado	☐ gekocht
4. hervido	☐ geschmort
5. crudo	☐ gegrillt
6. a la plancha	☐ gedämpft
7. al vapor	☐ gebacken
8. al horno	☐ frittiert

Wussten Sie, dass ...?

es in Spanien nicht üblich ist, Restaurantrechnungen mit Trinkgeld aufzurunden? Bezahlen Sie erst und lassen Sie, wenn Sie gehen, das Trinkgeld (ca. 5 bis 10 %) auf dem Tisch liegen.

b. *Zu zweit.* In welcher Zubereitungsform essen Sie folgende Lebensmittel gern? Erzählen Sie es einem Kursmitglied.

el pescado • la carne • el marisco • la verdura • el pollo • las patatas • los huevos • la pasta

•• A mí me gusta el pescado al horno o frito.
•• Pues a mí me gusta a la plancha.

3 ¿Me trae una servilleta, por favor?

a. ▶ 65 – 68 Im Restaurant. Was benötigen diese Personen?

 una cuchara ....
 un cuchillo ....
 un tenedor ....
 sal ....
 un vaso ....
 una servilleta ....
 un plato ....
 pan ....

1. ______________________
2. ______________________
3. ______________________
4. ______________________

b. Hören Sie noch einmal zu und notieren Sie, wie die Gäste den Kellner oder die Kellnerin ansprechen.

1. ______________________ 3. ______________________

2. ______________________ 4. ______________________

4 Perdone, ¿qué hay de postre?

a. Diese drei Dialoge sind durcheinandergeraten. Bringen Sie sie in die richtige Reihenfolge.

1. ☐ De primero tenemos ensalada, gazpacho y arroz a la cubana.
   ☐ ¿Y qué lleva la ensalada?
   ☐ ¿Qué tienen de primero?
   ☐ Lechuga, tomates, atún, cebolla, aceitunas…

2. ☐ Y para mí también.
   ☐ Perfecto. Pues para mí un helado.
   ☐ Perdone, ¿qué hay de postre?
   ☐ Tenemos flan, fruta del tiempo y helado.

3. ☐ Sí, dígame.
   ☐ Sí, ahora mismo.
   ☐ ¡Camarero!
   ☐ La cuenta, por favor.

Wussten Sie, dass …?

es in Spanien ungewöhnlich ist, einen Tisch mit anderen Personengruppen zu teilen? Lieber wartet man, bis ein Tisch frei wird. Da an Sonn- und Feiertagen traditionell auswärts gegessen wird, sollte man dann also unbedingt einen Tisch reservieren.

b. 69–71 Überprüfen Sie Ihre Antworten mithilfe der Aufnahme und spielen Sie die Dialoge mit verteilten Rollen.

Un poco más

1 Calamares a la romana.

Herbert spricht nur wenig Spanisch. Er hat alle Getränke und Speisen durcheinandergebracht. Helfen Sie ihm, die Bestellung in Ordnung zu bringen.

calamares con leche • bistec de verduras • sopa del tiempo • fruta con gas • arroz de vino • agua a la romana • copa con patatas

____________________ ____________________

____________________ ____________________

____________________ ____________________

____

2 ¿Qué es?

Hier finden Sie zwei Wortgruppen. Teilen Sie sie nach ihrer Bedeutung ein. Welches Wort bleibt übrig?

cuchara • pescado • cuchillo • pasta • verdura • tenedor • arroz • mesa • marisco • carne • servilleta • fruta • segundo • plato • vaso

Grupo 1	Grupo 2

Übrig bleibt: ____________________

3 ¡La cuenta, por favor!

Wer sagt folgende Sätze, der Kellner (K) oder der Gast (G)?

1. ☐ Buenos días. ¿Qué desean?
2. ☐ De primero quiero una sopa.
3. ☐ ¿Nos trae un tenedor, por favor?
4. ☐ Para mí un flan.
5. ☐ Perdone, ¿qué hay de postre?
6. ☐ ¡La cuenta, por favor!
7. ☐ ¿Para beber qué desean?
8. ☐ ¿Y qué lleva el gazpacho?
9. ☐ Sí, ahora mismo.
10. ☐ ¿Me trae un poco de sal?

4 Comer en un restaurante.

72 Familie Hernández geht essen. Hören Sie zu und ergänzen Sie den Dialog mit folgenden Wörtern.

segundo • con gas • primero • beber • al horno • la cuenta • postre • con leche • pescado

| De ______________________ quiero un gazpacho.
| Perfecto. ¿Y de ______________________?
| De segundo ______________________.
| ¿A la plancha o ______________________?
| A la plancha, por favor.
| ¿Y para ______________________?
| Un agua ______________________.
(…)
| ¿Qué desean de ______________________?
| Arroz ______________________, por favor.
| Sí, ahora mismo.
(…)
| ¿Me trae ______________________ por favor?
| Sí, claro.

Para hablar

Im Restaurant bestellen und zahlen

¿Qué desean?
De primero (quiero) ensalada, y de segundo, un bistec con patatas.
¿Para beber?
Yo quiero una copa de vino blanco.
¿Y de postre?
Para mí un flan.
¿Me trae la cuenta, por favor?

Um etwas bitten

¿Me trae una servilleta, por favor? – Sí, claro.
¿Nos trae un poco de pan, por favor? – Sí, ahora mismo.

Den/die Kellner/in rufen

¡Camarero/-a, por favor!
¡Oiga, por favor!

Gerichte

¿Qué lleva la ensalada?
La ensalada lleva lechuga, tomate, cebolla, aceitunas…
¿Qué hay de postre?
De postre hay fruta y helado.
¿Qué tienen de primero?
De primero tenemos ensalada, arroz a la cubana y macarrones.

Wussten Sie, dass ...?

von Peru aus eine „kulinarische Revolution“ Lateinamerika und die Welt erobert? Die *cocina novoandina* vereinigt die Vielfalt traditioneller Andenküche mit europäischen Einflüssen und zaubert moderne Kreationen mit Zutaten wie *Alpaka*, *Andenhirse*, *Kiwicha* (Amarant) und *Muña* (Andenkraut mit Pfefferminz-Geschmack).

La sangría ist ein Getränk, das man in Spanien besonders dann in einer Bar ordern sollte, wenn man sich als Tourist zu erkennen geben möchte. Denn sie wird vor allem als einfaches Party-Getränk daheim geschätzt, das man normalerweise nicht auswärts bestellt, ganz ähnlich unserer Bowle. Auch hat die Variante mit Kohlensäure, Zucker, hohem Alkoholgehalt und womöglich aus Eimern nichts mit dem zu tun, was ein Spanier unter einer *sangría* versteht. Fragen Sie Ihre neuen Freunde danach!

Wussten Sie, dass ...?

der Begriff *chiringuito* aus Kuba und Puerto Rico stammt? Der Kaffee, den die Arbeiter der Zuckerrohrplantagen tranken, wurde früher durch einen Strumpf gefiltert. Diesen Kaffee nennt man *chiringo*. Im Laufe der Zeit übertrug sich der Name des Getränks auf die Orte, an denen man *chiringo* trinken konnte. Ein Spanier, der im Jahre 1913 aus Amerika zurückkam, nannte dann auch sein Lokal am Strand von *Sitges* (Barcelona) danach. Diesen *chiringuito* von *Sitges* gibt es bis heute.

La cocina peruana, die peruanische Küche, ist eine der vielfältigsten der Welt. Im 19. Jahrhundert wurden Elemente verschiedener Einwandererküchen übernommen, unter anderem der afrikanischen, chinesischen, japanischen, italienischen, französischen und englischen Küche. Die traditionellen Grundnahrungsmittel sind Mais, Kartoffel, Erdnuss, Chili, Fisch und Meeresfrüchte. Falls Sie nach *Peru* reisen, versäumen Sie nicht, ceviche zu probieren. Diese Köstlichkeit aus noch rohen Fischstücken, eingelegt in Limettensaft und angereichert mit Zwiebeln und *rocoto* (einem scharfen, paprikaähnlichen Gemüse), wird mit *yucca*, geröstetem Mais und Süßkartoffeln serviert.

Von Andenhirse und Kaffeestrümpfen

El Chiringuito ist ein kleines Sommerlokal mit Speisen und Getränken, das Sie an fast allen spanischen Stränden finden. *Chiringuitos* sind meist mit Sonnenschirmen und Markise ausgerüstet, um die Gäste vor der Sonne zu schützen, während sie im Winter geschlossen oder gar abgebaut werden. Den ganzen Tag oder auch die Nacht am Strand in einem *chiringuito* zu verbringen, um ein paar *cañas*, *cubalibres* oder *sangrías* zu genießen, ist sicherlich eine der liebsten und häufigsten Freizeitbeschäftigungen der Spanier.

3 No hay problema la playa

Wussten Sie, dass …?

man die meisten „Hornochsen" an Spaniens Küsten findet? Zumindest, wenn man das inoffizielle Wahrzeichen Spaniens, den *Toro de Osborne*, hinzuzählt, denn die Mehrzahl der über 90 Prachtexemplare finden sich in den Regionen *Cádiz* und *Alicante*. Die erste Stiertafel, Werbung für den Brandy *Veterano*, wurde bereits 1957 aufgestellt.

¡Ayuda!

Natürlich wird Ihr Urlaub reibungslos verlaufen, zumal die Spanier ebenso leidenschaftliche wie versierte Gastgeber sind. Aber man sollte schließlich immer für den Notfall gewappnet sein. So proben wir nun den Ernstfall und lernen einige wichtige Sätze und Ausdrücke zum Thema – natürlich nicht für Sie, sondern nur, damit Sie mal jemandem helfen können …

1 ¿Podría ayudarme?

a. 73–75 Diese Urlauber haben ein Problem. Hören Sie zu. Welche Schwierigkeiten sind jeweils aufgetreten?

un accidente • el pasaporte • la maleta

1. He perdido ____________________
2. Me han robado ____________________
3. He tenido ____________________

tener → tenido
robar → robado
perder → perdido

Wussten Sie, dass …?

es bei der Koordinationszentrale des allgemeinen Notrufs 112 in Spanien immer auch deutschsprachige Mitarbeiter gibt? Weitere Notrufe: 061 (Notarzt), 085 (Feuerwehr), 062 (*Guardia Civil*).

b. Hören Sie noch einmal zu. Welche Ratschläge gibt man den Touristen?

1. ¿Por qué no va al ____?
2. Vaya a la ____.
3. ¿Por qué no llama por teléfono al ____________________________?

¿Podría ayudarme?	Könnten Sie mir helfen?
¿Qué le ha pasado?	Was ist Ihnen passiert?
Me han robado…	Man hat mir … gestohlen.
He perdido la maleta.	Ich habe den Koffer verloren.
He tenido un accidente.	Ich habe einen Unfall gehabt.
Vaya a…	Gehen Sie …
¿Por qué no va a/llama…?	Warum gehen Sie nicht zu …? Warum rufen Sie nicht …?

Um Hilfe bitten

2 Cosas que me llevo de vacaciones.

a. Welche von diesen Dingen würden Sie in den Urlaub mitnehmen und welche nicht? Markieren Sie jeweils, was auf Sie zutrifft.

- ☐ el billete de avión
- ☐ el bolso
- ☐ la mochila
- ☐ las gafas de sol
- ☐ el saco de dormir
- ☐ la cámara
- ☐ el pasaporte
- ☐ el equipaje
- ☐ la cartera
- ☐ la tarjeta de crédito
- ☐ el móvil
- ☐ las llaves de casa
- ☐ el ordenador
- ☐ el dinero

b. Was nehmen Sie außerdem mit? Besprechen Sie es im Kurs.

•• **Yo siempre llevo mi ordenador…**

Wussten Sie, dass …?

bei spanischen Autobahnen zwischen *autovías* und *autopistas* unterschieden wird? Erstere sind an der Sigle A zu erkennen, von öffentlichen Trägern gebaut und ihre Nutzung ist kostenlos, während Letztere privat, meist mautpflichtig und durch AP gekennzeichnet sind. Die beste und entspannteste Art, das Land kennen zu lernen, sind aber ohnehin die kleinen Nebenstraßen und Wege.

3 Tengo una avería.

a. Carmen ist auf der Autobahn unterwegs und hat leider eine Panne. Vervollständigen Sie den Text mit den Sätzen der rechten Spalte.

| Hola. Servicio de Emergencias.

| ______________________________

| Digame dónde está.

| ______________________________

| ¿De qué marca es su coche?

| ______________________________

| ¿Su número de matrícula?

| ______________________________

| ¿Qué le pasa a su coche?

| ______________________________

| Muy bien. Ahora vamos.

| En la autopista AP-7, cerca de Torrevieja.

| KA-EU-777.

| No lo sé pero no funciona.

| Hola. Tengo una avería en el coche.

| Es un Volkswagen.

b. ▶ 76 Überprüfen Sie mithilfe der Aufnahme. Danach lesen Sie den Text laut und spielen die Szene nach.

4 La cabeza, el estómago…

Was ist was? Ordnen Sie zu.

1. el brazo	☐ Bein
2. la garganta	☐ Hals
3. el pie	☐ Fuß
4. la mano	☐ Kopf
5. la cabeza	☐ Hand
6. la barriga	☐ Bauch
7. la rodilla	☐ Arm
8. la pierna	☐ Augen
9. los ojos	☐ Knie

Wussten Sie, dass …?

es in Spanien vier verschiedene Arten von Polizei gibt? Die *Policía Local* (Gemeinden) bzw. die *Policía Municipal* (Städte) ist für kleinere lokale Probleme, die *Guardia Civil* für Sicherheit und Verkehr und die *Policía Nacional* für die Kriminalitätsbekämpfung zuständig. Zusätzlich gibt es noch in autonomen Regionen wie dem Baskenland und Katalonien die *Policía Autonómica*.

5 ¡Me duele!

▶ 77–81 Fünf Urlauber sind krank. Was haben sie? Hören Sie zu und ergänzen Sie die Dialoge mit den passenden Wörtern.

cabeza • fiebre • brazo • diarrea • resfriada • estómago

1. ¿Qué le pasa?
Me duele el ______________________.
En las próximas horas tiene que beber solo agua y no comer nada.
Gracias.

2. Hola doctor.
Hola. ¿Qué le pasa a su hijo?
Tiene ______________________.
¿Tiene algún otro síntoma?
Sí, tiene ______________________.
Tiene que quedarse en la cama y tomar estas pastillas.

3. ¿Qué le ha pasado?
He tenido un accidente y me he roto un ______________________.
Lo siento.

4. No me encuentro bien.
¿Qué le pasa?
Estoy ______________________.
¿Por qué no toma agua con zumo de limón?

5. ¿Qué te pasa?
Me duele la ______________________.
¿Por qué no tomas una aspirina?

Un poco más

1 Tengo un problema.

a. *Zu zweit.* Sie haben ein Problem mit Ihrem Zimmer und wenden sich an die Rezeption Ihres Hotels. Lesen Sie den Dialog und spielen Sie mit verteilten Rollen die Szene nach.

| Hola. Buenos días.
| Hola. Tengo un problema.
| ¿Qué le pasa?
| El aire acondicionado de la habitación no funciona.
| No se preocupe. Ahora mismo lo arreglamos.

b. Wenn einmal etwas schiefläuft … weitere Komplikationen lassen nicht lange auf sich warten. Spielen sie andere Situationen nach. Hier sind ein paar Ideen dazu.

no hay agua caliente • he perdido la llave de la habitación • no tengo toallas en la habitación • el televisor no funciona

2 Palabras desordenadas.

a. Diese Wörter sind durcheinandergeraten. Bringen Sie die Buchstaben in die richtige Reihenfolge.

JE – QUI – PA – E	**SO – BOL**	**VIL – MÓ**	**TE – RA – CAR**
MA – RA – CÁ	**NE – DI – RO**	**LE – MA – TA**	**TAR – TA – JE**

b. Haben Sie schon einmal in Urlaub etwas verloren oder ist Ihnen etwas gestohlen worden?

•• **Yo he perdido el móvil dos veces y el equipaje una vez.**

3 ¿En qué puedo ayudarle?

Zu zweit. Hier fehlen wichtige Informationen. Vervollständigen Sie und lesen Sie gemeinsam.

1. | ¿En qué puedo ayudarle?
   | He perdido ______________________.
   | ¿Por qué no ______________________?

2. | ¿Qué le ha pasado?
   | Me han robado ______________________.
   | ¿Dónde ______________________?
   | En ______________________.

3. | Servicio de emergencias. ¿En qué puedo ayudarle?
   | Hola, tengo ______________________ en el coche.
   | Dígame dónde está.
   | En ______________________.

4 Sopa de letras.

Finden Sie hier die Wörter für sieben Körperteile.

C	A	B	E	Z	A	N	O	V	M	O	G
V	R	E	M	T	M	B	U	L	A	T	A
N	O	P	U	I	C	A	N	P	N	J	R
P	Q	I	W	P	B	R	A	Z	O	C	G
I	L	E	S	F	U	M	R	Y	Y	T	A
E	S	R	O	D	I	L	L	A	T	C	N
R	I	N	H	O	R	I	U	O	O	E	T
S	P	A	Y	G	S	E	P	L	A	D	A

Para hablar

Generelle Probleme
Tengo un problema, ¿podría ayudarme?
¿Qué le pasa?
¿Qué le ha pasado?
He perdido las maletas.
Me han robado el bolso.
He tenido un accidente.

Eine Panne haben
Tengo una avería en el coche.
Dígame dónde está.
¿De qué marca es su coche?
¿Cuál es el número de matrícula?
Ahora vamos.

Probleme mit der Unterkunft
El aire acondicionado de la habitación no funciona.
No hay agua caliente.
No se preocupe. Ahora mismo lo arreglamos.

Gesundheitliche Komplikationen
¿Qué le pasa?
No me encuentro bien.
Me duele la cabeza.
Me duelen los pies.
Tengo fiebre.
Tengo diarrea.
Estoy resfriado/-a.
¿Tiene otro síntoma?
Tiene que beber mucha agua.

Was ist passiert?
Yo he perdido el móvil dos veces y el equipaje una vez.
A mí me han robado el móvil una vez.
He comido mucho.
He paseado mucho.
He tenido un accidente.

Die **Islas Galápagos** bestehen aus 14 großen und über hundert kleineren Vulkaninseln. Sie liegen im Pazifik fast 1.000 km von Ecuador entfernt und besitzen einen außerordentlichen Artenreichtum. Viele Tiere wie die *Galápagos*-Riesenschildkröte oder die urzeitlichen Meerechsen gibt es nirgendwo sonst zu bewundern. Die *Galápagos* wurden insbesondere durch die Forschungen Charles Darwins bekannt.

Der **Parque Nacional de Canaima** befindet sich im Südosten Venezuelas und grenzt an Guyana und Brasilien. Auf einer Fläche von 30.000 km² beherbergt er die einzigartigen Tafelberge *tepuyes*, die teilweise bis zu 1.000 m hoch schroff aus dem Regenwald herausragen. Auf ihnen gedeiht eine ganz einzigartige Pflanzen- und Tierwelt, manche der *Tepuis* hat noch nie ein Mensch betreten. Auch den fast 1.000 m hohen Wasserfall *Salto de Angel* finden Sie im *Canaima* Nationalpark.

Wasserwelten

Wussten Sie, dass …?

es eine Vogelart gibt, die sich ständig in die herabschießenden Fälle des *Iguazú* und wieder hinausstürzt? Der Rußsegler brütet und schläft tatsächlich hinter den Wasservorhängen und kalkuliert dabei sogar ein, dass ihn die Wassermassen ein Stück mitreißen.

„Arme Niagarafälle!" soll First Lady Eleanor Roosevelt einmal angesichts der Cataratas de Iguazú ausgerufen haben. Und tatsächlich: Mit Dutzenden von Kaskaden, die auf einer Breite von 2,7 km in die Tiefe stürzen, liegt an der Grenze zwischen Brasilien und Argentinien der wohl imposanteste Wasserfall der Welt. Mindestens zwei Übernachtungen sollten Sie einplanen, um den „Fall der Fälle" zu bestaunen: einen Tag, um etwa auf dem argentinischen *Paseo Inferior* und an der *Garganta del Diablo* (Teufelsschlund) hautnah Dschungel, Rauschen und Sprühnebel zu erleben, einen weiteren, um von der brasilianischen Seite das atemberaubende Panorama zu genießen.

4 Tapas y bocadillos

la playa

Wussten Sie, dass …?

es kein Land der Erde gibt, das mehr Gastronomie besitzt als Spanien? Auf durchschnittlich 129 Bewohner kommt mindestens eine Bodega, ein Bistro, Café oder Restaurant.

¡Buen viaje!

Bevor Ihr Urlaub zu Ende geht, sollten Sie eine letzte Runde *tapas* oder *bocadillos* in Ihrer Lieblingsbar bestellen. Und bestimmt haben Sie Freundschaft mit Angestellten oder Stammgästen dort geschlossen, einfach weil dies in Spanien kaum anders möglich ist, und möchten sich anständig verabschieden. Hier lernen Sie das besondere Vokabular für das Leben in den Bars und auch, wie Sie Ihren neuen Freunden *adiós* sagen können.

1 ¡Hasta pronto!

a. ▶ 82 Auch der schönste Urlaub naht einmal dem Ende. Hören Sie zu und markieren Sie die Wörter, die Sie bereits kennen.

| ¿Y cuándo vuelven a Alemania?

| Nos vamos mañana. Hoy es nuestro último día.

| ¿Y qué tal las vacaciones?

| Muy bien. Han sido unas vacaciones fantásticas.
Nos ha gustado mucho la playa, la comida y la gente.

| ¡Qué bien!

| El próximo año volvemos.

| Eso espero.

| Aquí tiene nuestra dirección de Alemania.

| Muchas gracias. ¿Les puedo invitar a una cerveza?

| Claro. Muchas gracias.

| ¡Buen viaje!

| Hasta pronto.

b. *Zu zweit.* Hören Sie den Dialog noch einmal und spielen Sie die Szene nach.

¿Cuándo vuelven a…?	Wann kehren Sie zurück nach …?
Hoy es nuestro último día.	Heute ist unser letzter Tag.
¿Qué tal las vacaciones?	Wie waren die Ferien?
Lo hemos pasado muy bien.	Wir haben eine gute Zeit gehabt.
¡Hasta pronto!	Bis bald!
Han sido unas vacaciones fantásticas.	Es waren tolle Ferien.

Sich verabschieden

2 Sin alcohol.

a. Alle diese Getränke kann man in einer Bar oder einem Café bestellen. Aber welche davon enthalten Alkohol und welche nicht?

un café • un zumo de naranja • una coca cola • una cerveza • un licor • un agua • un vino blanco • un vino tinto • un vino rosado • un té

Bebidas con alcohol	Bebidas sin alcohol

b. In welcher Variante würden Sie diese Getränke bestellen?

(muy) caliente • con leche • con gas • con azúcar • con hielo • (muy) frío/-a • con limón • sin gas • sin azúcar • solo/-a

•• Yo tomo el café solo.
•• Pues yo prefiero el café con leche y con azúcar.

Wussten Sie, dass …?

die Spanier nach dem Mittagessen traditionell einen *café solo* oder einen *cortado* trinken, aber fast nie einen *café con leche*. Dieser wird vornehmlich vormittags oder nachmittags genossen. War das Essen etwas reichlicher, bietet sich auch ein Likör an oder als Mischung der berühmte *carajillo*, ein Kaffee mit Likör.

preferir
vorziehen

prefiero	preferimos
prefieres	preferís
prefiere	prefieren

3 Tapas.

a. Kennen Sie diese Tapas? Welche davon mögen Sie, welche kennen Sie noch nicht? Fragen Sie bei Bedarf im Kurs nach.

aceitunas • calamares • gambas • ensaladilla rusa • jamón • queso • boquerones • chorizo • champiñones • tortilla • croquetas • patatas fritas • almejas • mejillones • pulpo

•• A mí me gustan las aceitunas y los mejillones. El pulpo no me gusta nada.
•• Pues a mí el pulpo me encanta…

b. ▶ 83–85 Diese Personen sind in einer Tapas-Bar. Hören Sie zu und notieren Sie, was bestellt wird.

1. ______________________________

2. ______________________________

3. ______________________________

4 ¿A qué hora quedamos?

86 Zwei Freundinnen verabreden sich, um abends zusammen Tapas zu essen. Hören Sie zu und notieren Sie, wann und wo sie sich treffen werden.

¿Qué hacemos esta noche?

¿Vamos a tomar unas tapas?

Vale. ¿A qué hora quedamos?

¿A las ________________________________?

De acuerdo.

¿Dónde quedamos?

¿Quedamos en el ________________________?

Muy bien.

Wussten Sie, dass ...?

getrennte Rechnungen in Spanien nicht üblich sind? Wenn eine Gruppe von Freunden in eine Bar geht, begleicht normalerweise nur eine Person die Rechnung für alle. Sucht man dann am selben Abend oder später eine andere Lokalität auf, so ist der nächste mit dem Bezahlen an der Reihe. Dass dies stets fair zugeht, man aber auch nicht auf den Cent schaut, ist in Spanien Ehrensache.

5 Bocadillos.

a. Belegte Brötchen gehören zum klassischen Angebot spanischer Bars. Sehen Sie sich diese Speisekarte an und stellen Sie Vermutungen an, welche Brötchen warm und welche kalt belegt sind.

· Sol y Mar ·

Bocadillos

de atún	3,50 €	de tortilla a la francesa	4,00 €	de jamón	4,50 €
de tortilla de patatas	4,00 €	de bacón	4,00 €	de hamburguesa	4,50 €
de chorizo	3,50 €	de anchoas	4,50 €	de lomo	4,50 €
de queso	3,50 €	de jamón york	3,50 €	de salchicha de Frankfurt	4,00 €

Todos los bocadillos pueden ir con: mayonesa, mostaza, ketchup, tomate, aceite, mantequilla, cebolla, queso

Bocadillos calientes: ____

Bocadillos fríos: ____

b. *Zu zweit.* Lesen Sie den Dialog. Stellen Sie sich dann vor, Sie sind in einem Restaurant, und spielen Sie die Szene nach.

Hola. ¿Qué desea?

Un bocadillo de lomo.

¿Con queso?

No, gracias. Sin queso.

Aquí tiene.

¿Cuánto es?

Son cuatro euros cincuenta.

Un poco más

1 Un café solo.

Wie kann man die Getränke und ihre Varianten kombinieren? Es gibt verschiedene Möglichkeiten. Erstellen Sie eine Liste in Ihrem Heft.

un café • un zumo • una cerveza • un licor • un agua • un vino • un té

con gas ⁞ tinto ⁞ de naranja ⁞ con hielo ⁞ de manzana ⁞ con limón ⁞ sin gas ⁞ de melocotón ⁞ con leche ⁞ blanco ⁞ rosado ⁞ frío/-a ⁞ caliente ⁞ sin alcohol

2 ¿Qué prefieres?

Zu zweit. Bieten Sie einer Person aus Ihrem Kurs zwei Tapas an. Diese wählt eine davon.

aceitunas o champiñones • tortilla o croquetas • gambas o calamares • almejas o mejillones • jamón o chorizo • pulpo o ensaladilla rusa

- **¿Qué prefieres: las aceitunas o los champiñones?**
- **Yo prefiero los champiñones, ¿y tú?**
- **A mí no me gustan ni las aceitunas ni los champiñones.**

3 ¿Dónde y cuándo?

a. Sie möchten sich mit jemandem verabreden. Bringen Sie folgenden Dialog in die richtige Reihenfolge.

- [ ] ¿A las siete?
- [ ] ¿Esta tarde? Vale. ¿A qué hora quedamos?
- [ ] ¿Quedamos en el Bar Central?
- [ ] ¿Vamos a tomar algo esta tarde?
- [ ] Perfecto.
- [ ] De acuerdo. ¿Y dónde quedamos?

b. ▶ 87 Überprüfen Sie Ihre Antworten nun mithilfe der Aufnahme.

4 ¡Hasta pronto!

Es gibt viele Möglichkeiten, sich auf Spanisch zu verabschieden. Hier ist eine Auswahl. Übersetzen Sie.

1. Hasta pronto. ______________________
2. ¡Adiós! ______________________
3. Hasta mañana. ______________________
4. Hasta el próximo año. ______________________
5. Hasta luego. ______________________
6. Hasta ahora. ______________________
7. Hasta la vista. ______________________
8. Hasta más tarde. ______________________
9. Hasta la noche. ______________________
10. Hasta el mes que viene. ______________________

Para hablar

Sich verabschieden
Nos vamos mañana.
Hoy es nuestro último día.
¡Buen viaje!
¡Hasta pronto! / ¡Hasta la vista! / ¡Adiós!
¡Hasta el próximo año / año que viene!

Über den Urlaub sprechen
¿Y qué tal las vacaciones?
Lo he / hemos pasado muy bien (muy mal).
Me / Nos ha gustado mucho.

Etwas anbieten
¿Le/s puedo invitar a tomar algo?
Muchas gracias.

Sich mit jemanden verabreden
¿A qué hora quedamos?
¿Dónde quedamos?
Quedamos a las siete en el Bar Don Pedro.

In der Bar
¿Qué desea?
Una cerveza y unas aceitunas.

Mit oder ohne etwas
Un café con leche, por favor.
Un ron sin hielo, por favor.

Vorlieben
Yo prefiero el café solo.
¿Qué prefieres: las croquetas de pollo o de jamón?

Bezahlen
¿Cuánto es?
Son cuatro euros.

Einverstanden sein
Vale.
De acuerdo.

Kaum zu glauben, aber in früheren Zeiten hat man gerne einen großen Bogen um die Balearen gemacht. Denn **Islas Baleares** leitet sich von dem Wort „Balearides“ ab, das „Steinschleuderer“ bedeutet. Selbst die alten Römer hatten gehörigen Respekt vor den antiken Meisterschützen. Heute kann man allerdings völlig ungefährdet die Schönheit von *Mallorca*, *Menorca*, *Ibiza*, *Formentera* und *Cabrera* genießen, die Insulaner haben sich zu wahren Meistern der Gastfreundschaft gemausert.

Die spanische Inselwelt

Wussten Sie, dass ...?

die Mayonnaise von den Balearen stammt? Die Bezeichnung leitet sich von *Mahón*, dem kastilischen Namen von *Maó*, der Hauptstadt Menorcas, ab. Auf Spanisch heißt sie folglich *salsa mahonesa*.

Die kleinste der bewohnten Balearen, die Ziegeninsel **Cabrera** mit einer alten Wehrburg aus dem 14. Jahrhundert, gilt als eines der letzten unberührten Paradiese im Mittelmeerraum. Jeden Tag dürfen nicht mehr als 50 Besucher das der Südküste Mallorcas vorgelagerte Archipel betreten. Am besten, Sie buchen eine Inseltour mit einem Ranger des Nationalparks. Von *Colonia de Sant Jordí* dauert die Überfahrt gut eine Stunde.

El Hierro, La Palma, La Gomera, Tenerife, Gran Canaria, Fuerteventura und *Lanzarote*: Jede der **Islas Canarias** westlich von Afrika ist absolut einzigartig und eine Reise wert. Den mit über 3.700 m höchsten Berg Spaniens, den *Pico del Teide*, können Sie auf Teneriffa erklimmen und selbst Ende Juli noch Schnee finden. Der Vulkan trennt als natürliche Barriere das satte, subtropische Grün des Nordens vom kargen Süden mit seinen großartigen Stränden.

Als die Kanaren im 15. Jh. erobert wurden, lebten dort die hellhäutigen **guanche**. Man geht von bis zu 70.000 Insulanern aus. Viele der heutigen Kanarier sind ihre Nachfahren, wobei bereits die Guanchen sowohl afrikanischer als auch europäischer Abstammung waren. Kein Wunder also, dass, zusammen mit der Zuwanderung aus Europa und Lateinamerika, heute ein wahrhaft buntes Völkchen die Inseln bewohnt.

Wussten Sie, dass ...?

man auf *La Gomera* auf eigentlich alles pfeifen kann? Die Pfeifsprache *„el silbo"* wird noch heute genutzt, um sich über Berge und Schluchten hinweg zu unterhalten, je nach Windrichtung bis zu 10 km weit.

Repaso 3

De la Costa Brava a la Costa del Sol

Von der Costa Brava zur Costa del Sol: Spielen Sie in Gruppen von 3 bis 4 Personen, mit Spielfiguren und einem Würfel. Der Reihe nach rückt jeder Spieler so viele Felder vor, wie er gewürfelt hat. Auf jedem Feld wartet eine Aufgabe auf Sie: eine Frage beantworten, eine Frage stellen, Wörter auflisten, Sätze ergänzen, verworrene Sätze wieder in Ordnung bringen, Gegensätze nennen usw.

Costa Brava — Salida

1 hago, haces, …

2 No me gusta nadar. | A mí…

3 Tres cosas que puede alquilar en la playa.

15 ¿Qué le ha pasado? | … el pasaporte.

16 Cinco cosas que me llevo de vacaciones.

17 ¿marca • es • de • qué • coche • su?

18 Tres partes del cuerpo.

19 fiebrediarrearesfriado

20 Me duele la cabeza. | ¿Por qué no…?

21 no • aire • habitación • el • acondicionado • de • funciona • la.

22

Tamariu (Costa Brava) — Avance

23 Tres bebidas sin alcohol.

24 ¿Cómo toma el café normalmente?

30 En español: Bis bald!

Costa del Sol — Llegada

Haben Sie die Aufgabe richtig gelöst, dürfen Sie auf dem Feld bleiben, sonst müssen Sie zurück zum Feld, auf dem Sie zuvor waren. Kommen Sie auf das Feld mit den Pfeilen, rücken Sie je nach Symbol zwei Felder vor (*Avance*) oder zurück (*Retroceda*). Wer als Erster das Feld *Llegada* erreicht, hat gewonnen.

4
montar… caballo

5
me acuesto, … acuestas, se acuesta

6
¿Qué hace en sus vacaciones?

7

Costa Brava Avance ▶▶

8
¿A qué hora te levantas normalmente?

9
¿Qué desea?
De primero…

10
¿… darme información sobre las excursiones?

11
¿Qué es una "cuchara"?

12
Tres cosas que puede llevar una ensalada.

13
Tres postres.

14

Cataluña Retroceda ▶▶

25
prefiero, prefieres, prefiere,…

26
Un bocadillo caliente y un bocadillo frío.

27

Costa Brava Retroceda ▶▶

28
Tres tapas.

29
¡Camarero, por favor! Un agua con…

Repaso 3

Quiz Hier haben Sie die Möglichkeit, Ihr Wissen zu testen. Lösungen finden Sie auf Seite 125.

1. | No me gusta estar de vacaciones.
   | A mí ___.
   - a. sí
   - b. también
   - c. no

2. ___ al tenis cuando estás de vacaciones
   - a. Jugáis
   - b. Juegas
   - c. Juegan

3. ___ información sobre las actividades del hotel.
   - a. Puedo
   - b. Quisiera
   - c. Darnos

4. Cuando Pepe está de vacaciones ___ levanta a las nueve.
   - a. le
   - b. se
   - c. te

5. Siempre como el pollo ___ plancha.
   - a. al
   - b. la
   - c. a la

6. De primero quiero calamares ___.
   - a. del tiempo
   - b. de verduras
   - c. a la romana

7. ¿Y qué ___ la ensalada?
   - a. llevas
   - b. lleva
   - c. llevar

8. ¿Qué ___ de postre?
   - a. hay
   - b. es
   - c. está

9. ___ un accidente.
   - a. He robado
   - b. Has perdido
   - c. Hemos tenido

10. ¿Podría ___, por favor?
    - a. me ayuda
    - b. ayudarme
    - c. ayuda

11. ¿___ es su número de matrícula?
    - a. Dónde
    - b. Cuál
    - c. Qué

12. | Yo normalmente tomo el té muy caliente.
    | Pues yo ___ tomar el té frío.
    - a. gusta más
    - b. prefiero
    - c. gusto

13. ___ unas vacaciones fantásticas.
    - a. Han sido
    - b. Nos han gustado
    - c. Lo hemos pasado

14. Me duele ___.
    - a. los pies
    - b. la cabeza
    - c. los ojos

15. ¿Dónde ___ el sábado? ¿Y a qué hora?
    - a. hacemos
    - b. volvemos
    - c. quedamos

16. ¿___ puedo invitar a una cerveza?
    - a. Se
    - b. Les
    - c. Me

Anhang

Grammatik

Lösungen

Transkriptionen

Glossar

Bildnachweis/Trackliste

Grammatik

Dieser Anhang behandelt ausschließlich die Themen, die im Lektionsteil vorgekommen sind.

1 Das spanische Alphabet

A *a*	**B** *be*	**C** *ce*	**D** *de*
E *e*	**F** *efe*	**G** *ge*	**H** *hache*
I *i*	**J** *jota*	**K** *ka*	**L** *ele*
M *eme*	**N** *ene*	**Ñ** *eñe*	**O** *o*
P *pe*	**Q** *cu*	**R** *ere*	**S** *ese*
T *te*	**U** *u*	**V** *uve*	**W** *doble uve*
X *equis*	**Y** *ye*	**Z** *ceta*	

Einige Buchstaben werden auf diese Art buchstabiert:
á: *a con acento*
ü: *u con diéresis*
B: *be mayúscula*
b: *be minúscula*

2 Das Substantiv

2.1 Das Geschlecht der Substantive

Die spanischen Substantive sind entweder männlich (maskulin) oder weiblich (feminin). Substantive auf **-o** sind meistens männlich, auf **-a** weiblich. Substantive auf **-e** oder **Konsonant** können männlich oder weiblich sein. Ausnahmen sind z. B.: **el problema**, **la mano**.

2.2 Der Plural der Substantive

Der Plural der Substantive und Adjektive wird mit Ausnahmen durch das Anhängen von **-s** gebildet.
Wörter, die auf Konsonant enden, bilden den Plural auf **-es**.
plato → plato**s** hotel → hotel**es**

3 Der Artikel

Im Spanischen gibt es zwei Artikel: den bestimmten und den unbestimmten Artikel.

3.1 Der bestimmte Artikel

	Singular	Plural
männlich	***el*** *barco*	***los*** *barco**s***
weiblich	***la*** *bicicleta*	***las*** *bicicleta**s***

El barco va a Mallorca.

Der bestimmte Artikel wird nicht verwendet bei Namen von Personen oder Orten, außer wenn er Teil des Namens ist, wie bei **Los Ángeles**.

3.2 Der unbestimmte Artikel

	Singular	Plural
männlich	***un*** *museo*	***unos*** museo**s***
weiblich	***una*** *cerveza*	***unas*** cerveza**s***

*¿Hay **una** estación de metro por aquí cerca?*

* **unos / unas** bedeutet im Deutschen „einige".

4 Das Adjektiv

Adjektive richten sich in Geschlecht und Zahl nach dem Substantiv, zu dem sie gehören.

*un abrigo negr**o***	*una falda negr**a***
*un vestido car**o***	*unos pantalones car**os***
*una camisa blanc**a***	*unas gafas blanc**as***

Adjektive auf **-e**, **-ista** oder **Konsonant** sowie einige andere Adjektive sind für die männliche und die weibliche Form gleich.
belga ⁝ *verde* ⁝ *iraní* ⁝ *optimista* ⁝ *azul* ⁝ *gris*

5 Pronomen und Begleiter

5.1 Die Subjektpronomen

	Singular		Plural	
1. Person	*yo*	(ich)	*nosotros, nosotras*	(wir m, f)
2. Person	*tú*	(du)	*vosotros, vosotras*	(ihr m, f)
3. Person	*él, ella*	(er / sie)	*ellos, ellas*	(sie)
Anrede	*usted*	(Sie Sg.)	*ustedes*	(Sie Pl.)

Die Subjektpronomen werden meist weggelassen und nur zur Hervorhebung vewendet.
*¿Qué idiomas habláis **(vosotros)**?*
***Yo** hablo inglés y **ella** habla alemán.*

Man unterscheidet zwischen der höflichen Anrede einer Person (**usted**) und derjenigen mehrerer Personen (**ustedes**).
*¿De dónde es **usted**? / Señores Hernández, ¿de dónde son **ustedes**?*

In Lateinamerika verwendet man statt **vosotros** oder **vosotras** die Form **ustedes**.

5.2 Die Objektpronomen

5.2.1 Objektpronomen nach Präposition (betonte Objektpronomen)

para / a *mí*	***para / a*** *nosotros, nosotras*
para / a *ti*	***para / a*** *nosotros, nosotras*
para / a *él, ella, usted*	***para / a*** *ellos, ellas, ustedes*

Eine Ausnahme bildet die Präposition **con** in der 1. und 2. Person Singular: **conmigo**, **contigo**.

5.2.2 Das direkte Objektpronomen

	Singular	Plural
männlich	***lo***	***los***
weiblich	***la***	***las***

Das direkte Objektpronomen ersetzt ein direktes Objekt (wen oder was?).

Me gustan estos zapatos. ¿Me ***los*** *puedo probar?*

5.3 Die Possessivbegleiter

(yo)	***mi*** *hijo /* ***mi*** *hija*	***mis*** *hijos /* ***mis*** *hijas*
(tú)	***tu*** *hijo /* ***tu*** *hija*	***tus*** *hijos /* ***tus*** *hijas*
(él / ella / usted)	***su*** *hijo /* ***su*** *hija*	***sus*** *hijos /* ***sus*** *hijas*
(nosotros / nosotras)	***nuestro*** *hijo /* ***nuestra*** *hija*	***nuestros*** *hijos /* ***nuestras*** *hijas*
(vosotros / vosotras)	***vuestro*** *hijo /* ***vuestra*** *hija*	***vuestros*** *hijos /* ***vuestras*** *hijas*
(ellos / ellas / ustedes)	***su*** *hijo /* ***su*** *hija*	***sus*** *hijos /* ***sus*** *hijas*

Um Unklarheiten zu vermeiden, kann man die Präposition **de** und den Namen des Besitzers benutzen.

Esta es la casa ***de*** *Alberto.*

5.4 Die Demonstrativbegleiter und -pronomen

	Singular	Plural
männlich	***este*** *museo*	***estos*** *museos*
weiblich	***esta*** *cerveza*	***estas*** *cervezas*

*¿****Este*** *autobús va a Sevilla?*

Esta *es mi amiga Rosa.*

Man verwendet sie für Dinge, die sich in der Nähe befinden, oder um jemanden vorzustellen. → diese/r/s hier.

6 Das Verb

6.1 Das Präsens

Die spanischen Verben werden nach ihrer Infinitivendung in drei Konjugationsgruppen unterteilt.

6.1.1 Regelmäßige Formen

	*habl**ar***	*com**er***	*abr**ir***
(yo)	*habl**o***	*com**o***	*abr**o***
(tú)	*habl**as***	*com**es***	*abr**es***
(él / ella / usted)	*habl**a***	*com**e***	*abr**e***
(nosotros / nosotras)	*habl**amos***	*com**emos***	*abr**imos***
(vosotros / vosotras)	*habl**áis***	*com**éis***	*abr**ís***
(ellos / ellas / ustedes)	*habl**an***	*com**en***	*abr**en***

6.1.2 Unregelmäßige Formen

Bei einigen Verben ändert sich der Stammvokal wie folgt:

e → ie **e → i** **o → ue** **u → ue**

	*qu**e**rer*	*p**e**dir*	*p**o**der*	*j**u**gar*
(yo)	*qu**ie**ro*	*p**i**do*	*p**ue**do*	*j**ue**go*
(tú)	*qu**ie**res*	*p**i**des*	*p**ue**des*	*j**ue**gas*
(él / ella / usted)	*qu**ie**re*	*p**i**de*	*p**ue**de*	*j**ue**ga*
(nosotros / nosotras)	*qu**e**remos**	*p**e**dimos**	*p**o**demos**	*j**u**gamos**
(vosotros / vosotras)	*qu**e**réis**	*p**e**dís**	*p**o**déis**	*j**u**gáis**
(ellos / ellas / ustedes)	*qu**ie**ren*	*p**i**den*	*p**ue**den*	*j**ue**gan*

*In der 1. und 2. Person Plural gibt es keine Änderung.

Bei einigen Verben ist nur die 1. Person Singular unregelmäßig.

salir → sal**go** hacer → ha**go**

Einige wichtige unregelmäßige Verben

	ser	*estar*	*tener*	*ir*
(yo)	*soy*	*estoy*	*tengo*	*voy*
(tú)	*eres*	*estás*	*tienes*	*vas*
(él / ella / usted)	*es*	*está*	*tiene*	*va*
(nosotros / nosotras)	*somos*	*estamos*	*tenemos*	*vamos*
(vosotros / vosotras)	*sois*	*estáis*	*tenéis*	*vais*
(ellos / ellas / ustedes)	*son*	*están*	*tienen*	*van*

6.1.3 Das Verb *gustar*

Das Verb **gustar** (gefallen / mögen) wird meistens in der 3. Person gebraucht und mit den indirekten Objektpronomen verwendet. Zur Betonung können auch die sogenannten betonten Objektpronomen gebraucht werden.

(A mí)	*me*	*gusta el teatro*
(A ti)	*te*	
(A él / ella / usted)	*le*	
(A nosotros / nosotras)	*nos*	*gustan las naranjas*
(A vosotros / vosotras)	*os*	
(A ellos / ellas / ustedes)	*les*	

Man verwendet die 3. Person Singular ebenso, wenn ein Infinitv folgt.

¿Te gusta hacer esqui acuático?

6.1.4 Die reflexiven Verben

Diese Verben werden mit dem reflexiven Pronomen konjugiert.

		ducharse
(yo)	***me***	*ducho*
(tú)	***te***	*duchas*
(él / ella / usted)	***se***	*ducha*
(nosotros / nosotras)	***nos***	*duchamos*
(vosotros / vosotras)	***os***	*ducháis*
(ellos / ellas / ustedes)	***se***	*duchan*

6.2 Das Perfekt

Das Perfekt steht bei Handlungen und Ereignissen in der Vergangenheit, die der Sprecher als noch nicht abgeschlossen betrachtet. Man bildet das Perfekt mit dem Präsens von **haber** und dem Partizip Perfekt des Hauptverbs.

***He tenido** un accidente.*

	haber	***Partizip Perfekt***
(yo)	*he*	
(tú)	*has*	*pase**ado***
(él / ella / usted)	*ha*	*ten**ido***
(nosotros / nosotras)	*hemos*	*sal**ido***
(vosotros / vosotras)	*habéis*	
(ellos / ellas / ustedes)	*han*	

7 Mengenangaben

Als Adjektiv sind sie veränderlich und richten sich nach dem Substantiv, das sie näher bestimmt.

***mucho** arroz*	***mucha** agua*	***muchos** tomates*	***muchas** naranjas*
***bastante** arroz*	***bastante** agua*	***bastantes** tomates*	***bastantes** naranjas*
***poco** arroz*	***poca** agua*	***pocos** tomates*	***pocas** naranjas*

Als Adverb sind sie unveränderlich.
muy (sehr) caro ••▸ cara ••▸ caros ••▸ caras
un poco (etwas) caro ••▸ cara ••▸ caros ••▸ caras
bastante (ziemlich) caro ••▸ cara ••▸ caros ••▸ caras
nada (überhaupt nicht) caro ••▸ cara ••▸ caros ••▸ caras

8 Zahlen

1	*uno**	12	*doce*	31	*treinta* ***y*** *uno*	300	*trescientos/-as*
2	*dos*	13	*trece*	40	*cuarenta*	400	*cuatrocientos/-as*
3	*tres*	14	*catorce*	50	*cincuenta*	500	*quinientos/-as*
4	*cuatro*	15	*quince*	60	*sesenta*	600	*seiscientos/-as*
5	*cinco*	16	*dieciséis*	70	*setenta*	700	*setecientos/-as*
6	*seis*	17	*diecisiete*	80	*ochenta*	800	*ochocientos/-as*
7	*siete*	18	*dieciocho*	90	*noventa*	900	*novecientos/-as*
8	*ocho*	19	*diecinueve*	100	*cien*	1.000	*mil*
9	*nueve*	20	*veinte*	101	***ciento*** *uno*		
10	*diez*	21	*veintiuno*	110	*ciento diez*		
11	*once*	30	*treinta*	200	*doscientos/-as***		

*uno wird vor männlichen Substantiven zu *un*, vor weiblichen zu *una*.
***doscientos hoteles* (el hotel), aber *doscientas habitaciones* (la habitación)

9 Der Satz

9.1 Der Aussagesatz
Die Wortstellung im Spanischen ist sehr flexibel, im Hauptsatz aber meistens wie im Deutschen.
•• *Peter habla español.*

9.2 Der Fragesatz
Beim Fragesatz entspricht die Wortstellung im Spanischen weitestgehend dem Deutschen.

Indirekte Fragen

¿Qué?	*¿**Qué** lenguas hablas* *¿**Qué** tren va a Toledo?*	Welche Sprachen sprichst du? Welcher Zug fährt nach Toledo?
¿Quién/es?	*¿**Quién** es Peter?* *¿**Quiénes** son estas personas?*	Wer ist Peter? Wer sind diese Personen?
¿Cuánto/-a/-os/-as?	*¿**Cuántas** personas sois?*	Wie viele Personen seid Ihr?
¿Dónde?	*¿**Dónde** está el Museo del Prado?*	Wo ist das Prado-Museum?
¿Cuándo?	*¿**Cuándo** vas a ir de vacaciones?*	Wann gehst du in den Urlaub?
¿Cómo?	*¿**Cómo** te llamas?*	Wie heißt du?
¿Por qué?	*¿**Por qué** no me visitas?*	Warum besuchst du mich nicht?

9.3 Die Verneinung
Im Spanischen verneint man mit **no** vor dem konjugierten Verb. **No** kann im Deutschen *keinen, nicht* und *nein* bedeuten.
•• ***No hablo español.***

Lösungen

la ciudad

1 Bienvenidos

4 El hotel.
la puerta - Tür • la recepción - Empfang • la llave - Schlüssel • el baño - Badezimmer • el comedor - Speizezimmer • la cama - Bett • el aparcamiento - Parkplatz • la piscina - Swimmingpool • la ventana - Fenster • la habitación - Zimmer • el gimnasio - Fitnessraum • el bar - Bar • el ascensor - Aufzug

Un poco más (Übungsseiten)

1 ¡Bienvenida!
a. ¡Hola, buenas noches!
¡Hola! Tengo una habitación reservada.
¿Cómo se llama?
Susanne Müller.
Un momento, por favor... habitación número 18.
Muchas gracias.
De nada. ¡Hasta luego!

3 Palabras.
la cama • el ascensor • el restaurante • la recepción • el bar • el baño • la piscina • la puerta • la llave • la habitación

4 ¿Cómo se dice en español...?
1. Tengo una habitación reservada. • 2. Soy de Hamburgo. • 3. Hablo un poco de español. • 4. ¿Cómo se llama? • 5. ¿De dónde es usted? • 6. ¿Habla español?

2 Por el centro

1 ¿Para ir a...?
1. Museo del Prado • Banco de España • una estación
2. Palacio Real • calle Mayor

2 ¿Qué significa...?
1. Entschuldigen Sie, wo ist der Parque del Retiro?
2. Gibt es eine Taxihaltestelle hier in der Nähe?
3. Entschuldigen Sie bitte, wie kommt man zur calle de Alcalá?

3 Transportes.
el metro - die U-Bahn • el autobús - der Bus • el tren - der Zug • el avión - das Flugzeug • la bicicleta - das Fahrrad • el taxi - das Taxi • ir a pie - zu Fuß gehen

4 Un billete, por favor.
un billete de: metro, tren, avión, autobús

5 Al final de esta calle.
1. todo recto. • 2. a la derecha. • 3. enfrente • 4. al final de la calle. • 5. a la izquierda.

6. ¿Qué autobús va a...?
1. No, este va al puerto. Tome el número 9. • 2. Lo siento, no lo sé. • 3. El número 17.

Un poco más (Übungsseiten)

1 Todo recto.
a. Disculpe • Para • por favor • hasta • línea • está • después • izquierda • gracias • qué

2 Perdone.
1. Hay • 2. Dónde está • 3. Hay • 4. Para ir • 5. Dónde está • 6. Para ir

4 ¿A la o al?
a. 1. el • 2. la • 3. la • 4. el • 5. la • 6. el • 7. el • 8. la
b. 1. a la • 2. al • 3. al • 4. al • 5. a la

3 Un viaje cultural

1 ¿A qué hora abren?
1. Ich will zum Museo del Prado.
2. Um wie viel Uhr öffnen die Museen?
3. Um zehn Uhr morgens.
4. Und wann schließen sie?
5. Um acht Uhr abends.
6. Und wie spät ist es jetzt?
7. Es ist halb sieben.
8. Gehen wir?

3 Lugares.
1. un teatro • 2. un cine • 3. un museo • 4. un restaurante • 5. un banco • 6. una discoteca • 7. un supermercado • 8. un bar

4 Horarios.
1. Los bares • 2. Las discotecas • 3. Los museos • 4. Los supermercados • 5. Los bancos • 6. Los restaurantes

5 ¿A qué hora empieza…?
a. 1. diez / doce • 2. tres y cuarto / seis menos cuarto

Un poco más (Übungsseiten)

1 Quiero…
1. bailar • 2. tomar • 3. escuchar • 4. cambiar • 5. comprar • 6. comer • 7. ver

2 Son las cinco de la mañana.
1. de la tarde • 2. del mediodía • 3. de la mañana • 4. del mediodía • 5. de la noche • 6. de la mañana

3 ••▸ siehe Transkriptionen

5 ¿Cómo se dice en español…?
1. ¿A qué hora sale el autobús para Barcelona? • 2. ¿Cuándo cierra la discoteca? • 3. ¿A qué hora acaba el concierto? • 4. ¿Cuándo empieza la película? • 5. ¿A qué hora abre el Museo Picasso? • 6. ¿A qué hora llega el tren a Madrid?

4 De tiendas

1 En una tienda.
a. 1. una camisa • blanca • esta • cuesta
2. gafas de sol • negras • cuestan • estas

2 Números.
a. 22 – veintidós • 24 – veinticuatro • 26 – veintiséis • 28 – veintiocho • 31 – treinta y uno • 33 – treinta y tres • 35 – treinta y cinco • 37 – treinta y siete • 39 – treinta y nueve

b. ••▸ siehe Transkriptionen

3 ¿Dónde lo compro?
un libro – una librería • un periódico – un quiosco • una blusa – una tienda de ropa • un helado – una heladería • un sello – un estanco • unos zapatos – una zapatería

4 Qué significa en alemán?
una camisa – Hemd • una blusa – Bluse • unas gafas – Brille • unos pantalones – Hosen • una falda – Rock • un abrigo – Mantel • un gorro – Mütze • una camiseta – T-Shirt • unos zapatos – Schuhe • un vestido – Kleid • unos calcetines – Socken • un bañador – Badeanzug

5 Los colores.
b. grises • amarillos • roja • naranja • azules

Un poco más (Übungsseiten)

1 Precios.
135 – ciento treinta y cinco euros • 728 – setecientos veintiocho euros • 2.365 – dos mil trescientos sesenta y cinco euros • 893 – ochocientos noventa y tres euros

2 ¿Me lo puedo probar?
los zapatos – los • la camiseta – la • las gafas de sol – las • el vestido – lo • los pantalones – los • el abrigo – lo

4 ¿Cómo se dice en español…?
1. Me gusta el abrigo azul. • 2. Tengo la talla L • 3. Los zapatos son muy caros • 4. Quiero comprar la camisa roja. • 5. Solo estoy mirando. • 6. ¿Cuánto cuesta el vestido negro? • 7. ¿Dónde están los probadores?

Repaso 1

1 a. • 2 a. • 3 b. • 4 b. • 5 b. • 6 c. • 7 b. • 8 a. • 9 c. • 10 b. • 11 a. • 12 b. • 13 c. • 14 b. • 15 c. • 16 b.

el campo

1 De viaje

1 Quisiera reservar…
a. Buenos días. Quisiera reservar una habitación. • Doble. • Para 5 días. • No, solo con desayuno. • Birgit. • Schneider.

2 b. ••▸ siehe Transkriptionen

3 ¿Primavera, verano, otoño, invierno?
Primavera: marzo, abril, mayo • Verano: junio, julio, agosto • Otoño: septiembre, octubre, noviembre • Invierno: diciembre, enero, febrero

4 ¿Una habitación con vistas?
b. 1. una habitación individual
2. una habitación con media pensión
3. una habitación con vistas
4. una habitación con baño

Un poco más (Übungsseiten)

2 Vocales.
HABITACIÓN · VIERNES · SEMANA · DESAYUNO · DICIEMBRE · OTOÑO · BAÑO · INDIVIDUAL

3 ••▸ siehe Transkriptionen

5 ¿Para cuándo?
1. Del 1 al 9 de noviembre
2. Para el seis y siete de julio.
3. Del 19 al 26 de enero.
4. Para los días 30 y 31 de marzo.

2 En el mercado

1 ¿Me pone un kilo de naranjas?
a. 1. naranjas · un kilo de naranjas
2. aceitunas · medio kilo

2 Deme una...
a. queso – Käse · arroz – Reis · pan – Brot · aceite – Öl · atún – Thunfisch · salmón – Lachs · peras – Birnen · sandía – Wassermelone

b. 1. atún · 2. pan · 3. aceite · 4. arroz · 5. queso

3 ¿Carne o pescado?
Carne y embutido: chorizo, ternera, salchichón, cerdo, jamón
Pescado y marisco: salmón, mejillones, almejas, bacalao
Fruta: peras, manzanas, sandía, mandarina
Verdura: lechuga, patatas, ajos

4 ¿Una docena?
1. media docena de huevos · 2. medio kilo de tomates · 3. un cuarto de kilo de jamón · 4. un litro de aceite de oliva

5 ¿Cómo se dice en alemán...?
1. Was für ein frischer Lachs! · 2. Diese Birnen sind sehr süß. · 3. Ich mag dieses Öl nicht · 4. Was für ein guter Wein! · 5. Was für gute Tomaten! · 6. Diese Äpfel sind noch nicht ganz reif.

Un poco más

2 Una barra de pan.
1. barra · 2. lata · 3. kilo · 4. trozo · 5. botella

3. Un kilo de ...
1. medio kilo · 2. un cuarto de kilo · 3. medio litro · 4. media docena / seis · 5. dos litros · 6. un kilo

4 Pan, tomates...
Lösungswort: MERCADO

5 ¿Cómo se dice en español...?
1. Pongáme un trozo de queso, por favor · 2. ¿Cuánto cuesta un kilo de tomates? · 3. Eso es todo · 4. ¿Tiene/n gambas?

3 Sol y montaña

1 Allí llueve mucho, ¿no?
a. vacaciones · están · montañas · llueve · sol · bonito · lagos · queréis · a finales

2 De excursión.
1. Zelt · 2. Rucksack · 3. Bergstiefel · 4. Schlafsack · 5. Berghütte

4 ¿Adónde? ¿Cuándo?
a. 1. A los Pirineos. · 2. A Sierra Nevada. · 3. A Tenerife.

b. 1. A finales de marzo. · 2. A principios de año. · 3. A mediados de agosto.

5 ¿En el sur de España?
a + b. 1. Valencia está en el este · 2. Madrid está en el centro · 3. Málaga está en el sur · 4. Santander está en el norte · 5. Vigo está en el oeste.

6 Hace buen tiempo.
1. ¡Que viento hace! · 2. ¡Qué calor hace! · 3. ¡Cómo llueve! · 4. ¡Hace frío!

Un poco más

1 En la montaña.
1. la tienda de campaña · 2. el bosque · 3. el refugio de montaña · 4. el lago · 5. el oeste · 6. el norte · 7. las botas de montaña · 8. la mochila · 9. el saco de dormir

3 ¿Qué tiempo hace en el norte?
1. hace calor – hace sol · 2. llueve – hace frío y nieva · 3. hace buen tiempo – hace viento o hay niebla – nieva · 4. hace mal tiempo – está nublado · 5. hace frío – hace calor

5 ¿Cómo se dice en español…?
1. Queremos ir de vacaciones a Galicia. • 2. En el sur de España hace calor. • 3. ¿Dónde está Cádiz? • 4. A finales de agosto vamos a ir a los Pirineos.

4 La gente

2 ¿Está aquí de vacaciones?
1. Está estudiando español.
2. Está de vacaciones.
3. Está por motivos de trabajo.
4. Está de visita.
5. Está jubilada.

3 La familia real.
b. marido – Ehemann • hija – Tochter • padre – Vater • abuela – Großmutter • mujer – Ehefrau • hermano – Bruder • madre – Mutter • nieto – Enkel • hijo – Sohn • hermana – Schwester • abuelo – Großvater • nieta – Enkelin

4 ¿Cuánto tiempo?
a. 1. una semana • 2. tres días • 3. un mes

b. 1. dos semanas más • 2. doce días más • 3. un mes más.

5 ¿A qué se dedican? ¿Dónde trabajan? a.+ b.
un camarero ••▸ restaurante • un/a recepcionista ••▸ hotel • una enfermera ••▸ hospital • un/a periodista ••▸ periódico • un profesor ••▸ una escuela • una peluquera ••▸ una peluquería • una dependienta ••▸ una tienda • un/a policía ••▸ una comisaría

6 ¿Cómo es?
feo – guapo • baja – alta • gordo – delgado • pelo corto – pelo largo • rubia – morena • serio – alegre • aburrida – divertida • antipática – simpática

Un poco más

1 Presentaciones.
1. Este • tal • Bien gracias
2. presento • gusto • Encantado

2 Mi familia.
1. nieta • 2. abuelo • 3. hijo • 4. hermano • 5. padre

4 Estoy de vacaciones.
1 c. • 2 a. • 3 b. • 4 b.

Repaso 2

1 c. • 2 b. • 3 b. • 4 a. • 5 c. • 6 b. • 7 b. • 8 c. • 9 a. • 10 b. • 11 b. • 12 b. • 13 a. • 14 b. • 15 c. • 16 b.

la playa

1 Al aire libre

1 Me encanta el mar.
a. me levanto – ich stehe auf • duermo – ich schlafe • tomo – ich nehme • nado – ich schwimme • ceno – ich esse zu Abend • desayuno – ich frühstücke • paseo – ich spaziere • me encanta – ich liebe • alquilo – ich miete • como – ich esse

b. me encanta • yo me levanto • desayuno • nado • tomo • como • duermo • alquilo • paseo • ceno

3 Una excursión.
1. Excursión en barco a la isla de La Gomera.
2. Cena espectáculo en el restaurante Las Cañadas.

5 Quería alquilar…
a. 1. una tumbona y una sombrilla • 2. una moto • 3. dos patines acuáticos

b. 1. 10 € • 2. 200 € • 3. 20 €

Un poco más

1 Sol, siesta…
1. dormir una siesta • 2. estar de vacaciones • 3. nadar en la piscina • 4. alquilar un barco de vela • 5. montar a caballo • 6. jugar al tenis • 7. tomar el sol

2 Un día normal.
1. seis • 2. seis y media • 3. siete • 4. doce • 5. seis • 6. siete y media • 7. diez o diez y media

3 ¿Hacer o jugar?
1. hacemos • 2. juega • 3. juego • 4. haces • 5. juegan • 6. jugáis • 7. jugamos

4 ¿Cómo se dice en español…?
1. ¿A qué hora te levantas cuando estás de vacaciones?
2. ¿A qué hora desayunas? • 3. ¿Te gusta tomar el sol?
4. ¿Duermes una siesta cuando estás de vacaciones?
5. ¿A qué hora comes?
6. ¿A qué hora cenas cuando estás de vacaciones?

2 El menu del día

1 De primero quiero…

a. **primer plato:** ensalada, paella, macarrones, sopa de verduras
segundo plato: bistec con patatas, pescado a la plancha, pollo con arroz, calamares a la romana
postre: fruta del tiempo, flan, yogur, helado, arroz con leche
bebida: agua, vino, cerveza, agua con gas

b. 1. Él pide de primero una paella, de segundo calamares a la romana y de postre un helado • 2. Ella pide de primero una ensalada, de segundo pollo con arroz y de postre un flan.

c. 1. Para beber, él pide una copa de vino. 2. Para beber, ella pide un agua con gas.

2 ¿Frito o a la plancha?

frito – frittiert • asado – gebraten • guisado – geschmort • hervido – gekocht • crudo – roh • a la plancha – gegrillt • al vapor – gedämpft • al horno – gebacken

3 ¿Me trae una servilleta, por favor?

a. 1. un poco de pan • 2. un vaso • 3. un tenedor • 4. un poco de sal

b. 1. ¡Camarero, por favor! • 2. ¡Oiga, por favor! • 3. ¡Camarera! • 4. ¡Señorita!

Un poco más

1 Calamares a la romana.

calamares a la romana • bistec con patatas • sopa de verduras • fruta del tiempo • huevos fritos • arroz con leche • agua con gas • copa de vino

2 ¿Qué es?

Grupo 1: cuchara, cuchilllo, tenedor, mesa, servilleta, plato, vaso
Grupo 2: pescado, pasta, verdura, arroz, marisco, carne, fruta
Übrig bleibt: segundo

3 ¡La cuenta, por favor!

1. Kellner • 2. Gast • 3. Gast • 4. Gast • 5. Gast • 6. Gast • 7. Kellner • 8. Gast • 9. Kellner • 10. Gast

4. Comer en un restaurante

primero • segundo • pescado • beber • con gas • postre • con leche • la cuenta

3 No hay problema

1 ¿Podría ayudarme?

a. 1. He perdido el pasaporte. • 2. Me han robado la maleta. • 3. He tenido un accidente.

b. 1. ¿Porqué no va al consulado? • 2. Vaya a la comisaría de policía. • 3. ¿Por qué no llama por teléfono al seguro de accidentes?

3 ••▸ siehe Transkriptionen

4 La cabeza, el estómago…

1. Arm • 2. Hals • 3. Fuß • 4. Hand • 5. Kopf • 6. Bauch • 7. Knie • 8. Bein • 9. Augen

5 ¡Me duele!

1. estómago • 2. fiebre – diarrea • 3. brazo • 4. resfriada • 5. cabeza.

Un poco más

2 Palabras desordenadas.

a. equipaje • bolso • móvil • cartera • cámara • dinero • maleta • tarjeta

4 Sopa de letras.

cabeza • mano • pie • pierna • rodilla • brazo • garganta

4 Tapas y bocadillos

2 Sin alcohol.

a. **Bebidas con alcohol:** una cerveza, un licor, un vino blanco, un vino tinto, un vino rosado
Bebidas sin alcohol: un café, un zumo de naranja, una coca cola, un agua, un té

3 Tapas.

b. 1. Una ración de croquetas de jamón y unas gambas a la plancha • 2. Unos mejillones y una ración de tortilla • 3. Unas aceitunas y unas patatas fritas.

4 ¿A qué hora quedamos?

a las nueve • Bar Lola

5 Bocadillos.

b. Bocadillos calientes: de bacón, de chorizo, de lomo, de tortilla a la francesa, de tortilla de patatas, de hamburguesa, de salchicha de Frankfurt
Bocadillos fríos: de atún, de jamón, de chorizo, de jamón york, de tortilla de patatas, de anchoas, de queso

Un poco más

1. Un café solo.

- un café con hielo / con leche / frío / caliente
- un zumo de naranja / con hielo / de manzana / de melocotón / frío
- una cerveza con limón / fría / sin alcohol
- un licor de naranja / con hielo / de manzana / de melocotón / frío
- un agua con gas / con hielo / con limón / sin gas / fría / caliente
- un té con leche / con limón / frío / caliente

3 ¿Dónde y cuándo?

a. | ¿Vamos a tomar algo esta tarde?
| ¿Esta tarde? Vale. ¿A qué hora quedamos?
| ¿A las siete?
| De acuerdo. ¿Y dónde quedamos?
| ¿Quedamos en el Bar Central?
| Perfecto.

4 ¡Hasta pronto!

1. Bis bald. • 2. Auf Wiedersehen! • 3. Bis morgen. • 4. Bis zum nächsten Jahr. • 5. Bis später / nachher. • 6. Bis gleich. • 7. Auf Wiedersehen. • 8. Bis später. • 9. Bis heute Abend / Nacht. • 10. Bis zum nächsten Monat.

Repaso 3

1 a. • 2 b. • 3 b. • 4 b. • 5 c. • 6 c. • 7 b. • 8 a. • 9 c. • 10 b. • 11 b. • 12 b. • 13 a. • 14 b. • 15 c. • 16 b.

Transkriptionen

la ciudad

1 ¡Bienvenidos!

Track 5 ⁝ Aufgabe 1 b.

| ¡Hola, buenas noches !
| ¡Hola! Tengo una habitación reservada.
| ¿Cómo se llama?
| Susanne Müller.
| Un momento, por favor… Habitación número 18.
| Muchas gracias.
| De nada. ¡Hasta luego!

3 Un viaje cultural

Track 12 ⁝ Un poco más   Aufgabe 3

1. Son las siete y media.
2. Son las diez menos cuarto.
3. Son las once y cinco.
4. Es la una y veinte.
5. Son las cuatro en punto.
6. Son las dos y cuarto.

4 De tiendas

Track 15 ⁝ Aufgabe 2 b.

1. Cincuenta y cuatro.
2. Sesenta y tres.
3. Setenta y dos.
4. Noventa y seis.
5. Cuarenta y ocho.
6. Ochenta y uno.

el campo

1 De viaje

Track 18 ⁝ Aufgabe 2 b.

| ¿Qué día es hoy?
| ¿Hoy? Es martes.

| ¿Cuándo es la próxima clase?
| El viernes.

| ¿Los bancos cierran el sábado?
| Sí, claro.

Y ayer ¿que día fue ayer?
Ayer,… ayer fue miércoles.

¿Sabes qué día es mañana?
Sí, mañana es lunes.

Track 19 – 22 ⁞ Aufgabe 4 b.
Hola. Quisiera reservar una habitación.
¿Individual o doble?
Individual.

Muy bien. Entonces reservan una habitación para el fin de semana.
Sí, queremos una habitación con media pensión.
De acuerdo, entonces una habitación con media pensión.

¿Tienen habitaciones libres?
Sí, ¿para hoy?
Sí, sí, para hoy.
De acuerdo.
¿Es una habitación con vistas?
Sí, tiene unas vistas muy bonitas.

Buenos días.
Hola, buenos días.
Quisiera reservar una habitación para todo el mes de agosto.
Muy bien. Tenemos habitaciones con baño y sin baño.
No, no. Con baño, con baño.

Track 24 – 27 ⁞ Un poco más Aufgabe 3
¿Su nombre, por favor?
Amaya Echevarría.
¿Cómo se escribe su nombre?
A – M – A – Y – A.
Amaya, sí… ¿y su apellido?
E – C – H – E – V – A – R – R – Í (i con acento) – A.
Echevarría. Muy bien. Gracias.

¿Y usted de dónde es?
Yo soy de Huesca
¿Huelva?
No, no. Huesca. H – U – E – S – C – A.

¿Su primer apellido?
Zarceño
¿Con n?
No, con ñ

¿Puede deletrear su apellido, por favor?
Si, claro. Z – A – R – C – E – Ñ – O.

¿Usted es mexicana?
Sí, de Guanajuato
¿De dónde?
De Guanajuato, G – U – A – N – A – J – U – A – T – O.

Track 28 – 31 ⁞ Un poco más Aufgabe 5
Hola. Quisiera reservar una habitación doble.
¿Para cuándo?
Del 1 al 9 de noviembre
Nueve noches, perfecto.

¿Para cuándo quiere la habitación?
Para julio.
¿Que días?
El seis y siete de julio.
Muy bien. Hago la reserva.

Entonces, quiere dos habitaciones individuales para enero.
Sí, para finales de enero.
¿Qué fecha?
Del 19 al 26 de enero.
Muy bien. ¿Su nombre por favor?

Muy bien. Entonces la reserva es para los días 30 y 31 de marzo.
Exactamente.
Muy bien. Pues ya tiene dos habitaciones reservadas.

2 En el mercado

Track 34 ⁞ Aufgabe 2 b.
Hola. ¿Qué le pongo?
Mire, quería una botella de aceite.
Muy bien, aceite. ¿Qué más?
Una lata de atún.
Aquí tiene. ¿Algo más?
Sí, un paquete de arroz y un trozo de queso.
¿Qué queso le pongo?
Manchego, queso manchego.
Muy bien, queso machego. ¿Eso es todo?
Ummm, no… ¿Tiene pan?
Sí.

Pues deme una barra.
Aquí tiene.
¿Cuánto es todo?

Track 35 – 38 ⁝ Aufgabe 4

| Hola. Buenos días.
| Quería huevos. ¿Son frescos?
| Sí, muy frescos. ¿Le pongo una docena?
| No, no, media docena.

| ¿Cuánto cuestan los tomates?
| Dos euros cincuenta el kilo.
| Me pone medio kilo.
| ¿Le gustan estos?
| Sí, están bien.

| ¿Este jamón es bueno?
| ¿Bueno? Buenísimo. ¿Quiere probarlo?
| Ummm. Sí, está riquísimo. Deme un cuarto de kilo.
| Perfecto. ¿Algo más?

| Buenos días.
| Hola, buenos días.
| Quisiera aceite de oliva.
| Este es de Andalucía.
| ¿Es muy caro?
| Cuatro cincuenta el litro.
| De acuerdo, me llevo un litro.

3 Sol y montaña

Track 40 – 42 ⁝ Aufgabe 4

| ¿Adónde vais a ir de vacaciones?
| A los Pirineos.
| ¿A los Pirineos? ¿Y cuándo vais?
| A finales de marzo.
| ¡Qué suerte!

| Queremos ir de vacaciones a Sierra Nevada.
| Nosotros vamos a ir este invierno.
| ¿Ah, sí? ¿Cuándo?
| A principios de año.
| ¡Qué bien!

| ¿Cuándo tenéis las vacaciones?
| En agosto.
| ¿Y qué vais a hacer?
| Vamos a ir a Tenerife.
| ¿Todo el mes de agosto?
| No, vamos a ir a mediados de agosto.
| ¡Qué envidia!

4 La gente

Track 48 – 52 ⁝ Aufgabe 2

| ¡Hola! Usted es italiano, ¿no?
| Sí, soy de Roma.
| ¿Está aquí de vacaciones?
| No, estoy estudiando español.

| Hola, ¿es usted la recepcionista?
| No, no. Yo estoy de vacaciones.

| ¡Qué calor!
| Sí, sí.
| ¿Está usted de vacaciones en España?
| No, estoy por motivos de trabajo.

| ¿Vive usted aquí?
| No, no.
| Entonces está de vacaciones…
| No. Estoy de visita. Tengo un hermano que vive aquí.

| ¿Está usted de vacaciones aquí en Mallorca?
| No, yo vivo en Mallorca. Estoy jubilada.

Track 53 – 55 ⁝ Aufgabe 4

| ¿Están de vacaciones aquí?
| Sí, llevamos una semana.
| ¿Cuánto tiempo se quedan?
| Dos semanas más.

| Nosotros llevamos tres días en La Rioja.
| ¿Y cuándo regresan a Alemania?
| A finales de mes. Nos quedamos doce días más.
| ¡Qué bien!

| ¿Y ustedes cuánto tiempo llevan en España?
| Llevamos un mes.
| ¿Y cuánto tiempo se quedan?
| Nos quedamos un mes más.
| ¡Qué bien!

La playa

1 Al aire libre

Track 58 – 59 ⁝ Aufgabe 3

| Quisiera información sobre las excursiones que ofrecen.
| Sí, ¿para cuándo?
| Para mañana.

Mañana tenemos una visita a Santa Cruz. Es la capital de Tenerife y pueden hacer compras.
No, no queremos ir de compras.
También pueden hacer una excursión en barco a la isla de La Gomera.
Eso sí. Nos encanta ir en barco.
O también pueden visitar el Parque Nacional del Teide. El punto más alto del territorio español…
Bueno ¿la excursión en barco a La Gomera cuánto cuesta?
Son setenta euros por persona con la comida incluída.
Muy bien, entonces quisiera dos billetes.

Hola, buenos días.
Hola. ¿Podría darnos información sobre las actividades que organiza el hotel?
Sí, claro.
Queremos hacer algo típico de Canarias…
Algo típico Bueno, pueden dar un paseo en camello por la isla. O también tenemos una cena con espectáculo en el restaurante Las Cañadas.
¿Un paseo en camello? No, no. No me gustan los camellos. ¿Y cómo es el espectáculo?
Son bailes típicos de las Canarias. Es un grupo folclórico muy bueno.
Creo que puede ser interesante la cena con espectáculo. ¿Cuánto cuesta por persona?
Son cincuenta euros por persona.
Muy bien, podría reservar una mesa para cuatro personas para esta noche?
Perfecto. Cuatro personas para esta noche…

Track 60 – 62 ⁝ Aufgabe 5
Hola. Quería alquilar una tumbona y una sombrilla.
Sí, claro. ¿Para todo el día?
Solo para medio día. ¿Cuánto cuesta?
Son diez euros.
De acuerdo.

Hola.
Hola. Quería alquilar una moto.
Sí. ¿Para cuántos días?
Para una semana, ¿cuánto cuesta?
Son doscientos euros.
¿Y para un día?
Para un día son cuarenta euros.
Bueno pues entonces para una semana.
Perfecto.

¿Cuánto cuesta el alquiler de un patín acuático?
Son diez euros la hora.
Muy bien. Pues queremos dos patines. Somos ocho personas.
Muy bien. Dos patines. Son veinte euros.

Track 63 ⁝ Un poco más Aufgabe 2 a.
Me encanta estar de vacaciones. Me levanto a la hora que quiero…
Sí, claro a mi también me gusta estar de vacaciones. ¿A qué hora te levantas normalmente, cuando no estás de vacaciones?
Normalmente me levanto a las seis. Me ducho… y desayuno a las seis y media. Después salgo de casa a las siete.
¿Y a qué hora comes?
Normalmente a las doce. Por la tarde llego a casa a las seis.
¿Y a qué hora cenas?
A las siete y media normalmente. Y me acuesto a las diez o a las diez y media. Excepto los fines de semana, claro…

2 El menú del día

Track 64 ⁝ Aufgabe 1 b.
Hola. Buenos días. ¿Qué desean?
De primero quiero una ensalada.
Una ensalada… muy bien. ¿Y usted?
Yo quiero una paella.
Una paella. Perfecto. ¿Y de segundo?
Yo, de segundo quiero un pollo con arroz.
Yo calamares a la romana.
Muy bien. ¿Y para beber?
Yo un agua con gas.
Y yo una copa de vino tinto.
¿Y de postre?
Para mí un flan.
Y para mí un helado.

Track 65 – 68 ⁝ Aufgabe 3
¡Camarero, por favor!
Sí, dígame.
¿Me trae un poco de pan?
Sí, ahora mismo.

¡Oiga, por favor!
Sí…
¿Nos trae un vaso?
Sí, claro.

| ¡Camarera!
| Sí, ¿qué desean?
| ¿Nos trae un tenedor, por favor?
| Si, un momento, por favor.

| ¡Señorita!
| Sí, ¿desea algo?
| ¿Me trae un poco de sal, por favor?
| Sí, claro. Ahora mismo.

Track 69–71 ⋮ Aufgabe 4 b.
| ¿Qué tienen de primero?
| De primero tenemos ensalada, gazpacho y arroz a la cubana.
| ¿Y qué lleva la ensalada?
| Lechuga, tomates, atún, cebolla, aceitunas…

| Perdone, ¿qué hay de postre?
| Tenemos flan, fruta del tiempo y helado.
| Perfecto. Pues para mí un helado
| Para mí también.

| ¡Camarero!
| Sí, dígame.
| La cuenta, por favor.
| Sí, ahora mismo.

3 No hay problema

Track 73–75 ⋮ Aufgabe 1
| Tengo un problema.
| ¿Qué le ha pasado?
| He perdido el pasaporte y mañana vuelvo a mi país.
| ¿Por qué no va al consulado?
| Es que no sé dónde está. ¿Podría ayudarme?
| Sí, claro.

| ¿Podría ayudarme?
| ¿Qué le ha pasado?
| Me han robado la maleta.
| Lo siento mucho. Vaya a la comisaría de policía.
| ¿Sabe dónde está?
| Sí, mire. Todo recto y la primera calle a la derecha.
| Gracias.

| Hola. ¿qué le ha pasado?
| He tenido un accidente.
| ¿Está bien?¿Necesita una ambulancia?
| No, gracias, estoy bien pero el coche no funciona.
| Por qué no llama por teléfono al seguro de accidentes?
| No tengo móvil
| Aquí tiene mi móvil, llame.
| Muchas gracias.

Track 76 ⋮ Aufgabe 3 b.
| Hola. Servicio de Emergencias.
| Hola. Tengo una avería en el coche.
| Dígame dónde está.
| En la autopista AP-7, cerca de Torrevieja.
| ¿De qué marca es su coche?
| Es un Volkswagen.
| ¿Su número de matrícula?
| KA-EU-777.
| ¿Qué le pasa a su coche?
| No lo sé pero no funciona.
| Muy bien. Ahora vamos.

4 Tapas y bocadillos

Track 83–85 ⋮ Aufgabe 3 b.
| Hola. Buenas tardes. ¿Qué desea?
| Unas croquetas.
| ¿De jamón o de pollo?
| De jamón.
| ¡Una ración de croquetas de jamón! ¿Algo más?
| Sí, unas gambas.
| ¿A la plancha?
| Sí, por favor.

| Hola. ¿Qué desean tomar?
| Dos vinos tintos.
| ¿Algo para comer?
| Unos mejillones y una ración de tortilla.
| ¡Enseguida unos mejillones y una ración de tortilla!

| Dos cervezas, por favor.
| Aquí tienen. ¿Y para comer?
| Unas aceitunas y unas patatas fritas.
| Ahora mismo.
| ¿Cuánto es?
| Son seis euros cuarenta.

Glossar Alphabetisches Wörterverzeichnis

Hinweise für die Benutzung:
▶ = Wörter aus den Hörtexten
Aus Gründen der Textökonomie werden hier diejenigen Wörter aufgeführt, die in den Lektionen bislang nicht übersetzt wurden. Die Zahlen beziehen sich auf die Seitenzahl für die Erstbelegung des Wortes.

Beachten Sie die Schreibweise der Endungen:
un/a – die Endung für die weibliche Form wird an die männliche angehängt;
guapo/-a – die weibliche Endung ersetzt die männliche.

A

a in, nach, zu 7
¡A comprar! Lasst uns einkaufen gehen! 31
a la derecha rechts 15
a la izquierda links 17
a la plancha gegrillt 87
a la/s um … Uhr 25
a mediados (de enero) Mitte (Januar) 60 ▶
a mí no mir nicht 81
a mí tampoco mir auch nicht 81
a pie zu Fuß 16
a principios Anfang 60 ▶
abecedario *el* Alphabet 45
abierto/-a offen / geöffnet 25
abrigo *el* Mantel 33
abril *el* April 44
abrir öffnen 23
abuela *la* Großmutter 68
abuelo *el* Großvater 68
aburrido/-a langweilig 69
acabar enden 25
accidente *el* Unfall 95
aceite *el* Öl 52
aceite de oliva *el* Olivenöl 53 ▶
aceituna *la* Oliven 89
acostarse ins Bett gehen 82
adiós auf Wiedersehen 107
¿Adónde? Wohin? 60
agosto *el* August 44
agua *el* Wasser 54
ahora jetzt 23
ahora mismo sofort 89
aire acondicionado *el* Klimaanlage 98
aire puro *el* frische Luft 43
ajo *el* Knoblauch 52
al aire libre im Freien 78
al final am Ende 17
al fondo hinten 31
¿Algo más? Noch etwas? 51
al horno gebacken 88
al vapor gedämpft 88
alemán *el* Deutsch 10
alemán/-ana *el / la* Deutsche/r 7
alimento *el* Lebensmittel 54
allí dort 15
almeja *la* Muschel 52
alquilar mieten 79
ambulancia *la* Rettungswagen 95 ▶
amigo *el* Freund 67
anchoa *la* Sardelle 105
antipático/-a unsympathisch 69
aparcamiento *el* Parkhaus 9
apellido *el* Nachname 43
¿A qué hora abren…? Um wie viel Uhr öffnen …? 23
aquí cerca hier in der Nähe 15
arreglar reparieren 98
arroz *el* Reis 52
arroz a la cubana *el* Reis mit Spiegelei und gebratener Banane 89
arroz con leche *el* Milchreis 87
asado/-a gebraten 88
ascensor *el* Aufzug 9
atún *el* Thunfisch 52
autobús *el* Bus 16
autopista *la* Autobahn 96
avería *la* Panne 96
avión *el* Flugzeug 16
¡Ayuda! Hilfe! 95

B

bacalao *el* Kabeljau 52
bacon *el* Bacon (Schinkenspeck) 105
bailar tanzen 24
bajo/-a niedrig, klein 69
bañador *el* Badeanzug 33
banco *el* Bank 15
baño *el* Badezimmer 9
bar *el* Bar 9
barco de vela *el* Segelboot 81
barra (de pan) *la* Baguette / Stangenbrot 52
barriga *la* Bauch 97
bebida *la* Getränke 87
bicicleta *la* Fahrrad 16
bienvenido/-a willkommen 6
billete *el* Fahrschein 17
bistec *el* Steak 87
blanco/-a weiß 31
blusa *la* Bluse 32
bocadillo *el* belegtes Brötchen 102
bolso *el* Handtasche 96

bonito/-a schön 59
boquerones ***los*** gebratene kleine Fische 104
bosque ***el*** Wald 59
botas de montaña ***las*** Bergstiefel 60
botella ***la*** Flasche 52
brazo ***el*** Arm 97
bucear tauchen 80
buenas noches guten Abend / gute Nacht 8
buenas tardes guten Tag, guten Abend 8
bueno/-a gut 53
¡Buen viaje! Gute Reise! 103

C

cabeza ***la*** Kopf 97
café ***el*** Kaffee 104
café solo ***el*** Espresso 104
calamares a la romana ***los*** panierte Tintenfischringe 87
calcetines ***los*** Socken 33
caliente heiß 104
calle ***la*** Straße 15
cama ***la*** Bett 9
cámara ***la*** Fotoapparat 96
camarero/-a ***el/la*** Kellner/in 69
cambiar wechseln 24
camello ***el*** Kamel 80
camisa ***la*** Hemd 31
camiseta ***la*** T-Shirt 33
cámping ***el*** Campingplatz 59
campo ***el*** Land (vs. Stadt) 42
caña (de cerveza) ***la*** Glas Bier 93
carne ***la*** Fleisch 52
cartera ***la*** Geldbeutel 96
casi fast 62
cebolla ***la*** Zwiebel 89
cena espectáculo ***la*** Abendessen mit Vorführung 80
cenar zu Abend essen 79
centro ***el*** Zentrum 14
cerdo ***el*** Schwein 52
cerrado/-a geschlossen 25
cerrar schließen 23
cerveza ***la*** Bier 26
champiñón ***el*** Champignon 104
chiringuito ***el*** kleine Hütte mit Kneipe am Strand 108
chorizo ***el*** Art Paprikawurst 52
cine ***el*** Kino 24
ciudad ***la*** Stadt 6
claro natürlich 15
clase ***la*** Unterricht 46
cocina ***la*** Küche 92
color ***el*** Farbe 33
comedor ***el*** Speisezimmer 9
comer essen 24
comisaría ***la*** Polizeiwache 69
¿Cómo? Wie …? 7
¿Cómo se dice…? Wie sagt man …? 26
¿Cómo se escribe…? Wie schreibt man …? 43
comprar kaufen 24
con mit 13
con azúcar Zucker 104
con gas mit Kohlensäure 87
con hielo mit Eiswürfeln 104
con leche mit Milch 104
con tarjeta mit Kreditkarte 31
concha de peregrino ***la*** (umgs.) Jakobsmuschel 75
cosa ***la*** Sache 96
costar kosten 31
creer glauben 25
croqueta ***la*** Krokette 104
crucero ***el*** Kreuzfahrt 84
crudo/-a roh 88
¿Cuál/-es? Welche/r/s? 96
¿Cuánto/-as? Wie viel? 31
¿Cuánto tiempo? Wie lange? 69
cuarto Viertel 23
cuchara ***la*** Löffel 88
cuchillo ***el*** Messer 88
cuenta ***la*** Rechnung 89
cultura ***la*** Kultur 23
cultural Kultur-, kulturell 22

D

dar geben 51
de von, aus 7
de… a… von … bis … 25
¿De dónde…? Woher …? 7
de excursión auf einem Ausflug 60
de la mañana morgens 23
de la noche abends / nachts 23
de la tarde nachmittags / abends 25
de primero als Vorspeise 87
¿De qué color? In welcher Farbe? 31
de visita auf Besuch 68 ▶
del mediodía mittags 25
dependiente/-a ***el/la*** Verkäufer / in 69
deporte ***el*** Sport 80
desayunar frühstücken 79
desayuno ***el*** Frühstück 43
descansar sich ausruhen 97
desear wünschen 31
desordenado/-a durcheinander 98
después danach 15
diarrea ***la*** Durchfall 97
diciembre ***el*** Dezember 44
dígame Sagen Sie mir. / Hallo? (Telefon) / Sie wünschen? (im Restaurant) 89
dinero ***el*** Geld 24
discoteca ***la*** Diskothek 24
Disculpe. Entschuldigen Sie. 16
docena ***la*** ein Dutzend 53
doler weh tun 97
domingo ***el*** Sonntag 44
¿Dónde? Wo? 15
dormir schlafen 79
ducha ***la*** Dusche 60
dulce süß 53

E

él / ella er / sie 87
el / la der / die / das 9
embutido ***el*** Wurst 52
empezar beginnen 25
en an *(hier)* / in / auf … 7
en barco mit dem Schiff 80
en efectivo bar 31
en punto genau, Punkt … Uhr 23
enero ***el*** Januar 44
enfermera ***la*** Krankenschwester 69
enfrente gegenüber 15
ensalada ***la*** Salat 87

ensaladilla rusa *la* Kartoffelsalat mit Mayonnaise 104
equipaje *el* Reisegepäck 96
escuchar hören 24
escuela *la* Schule 69
eso es todo das ist alles 51
España Spanien 7
español Spanisch 7
esperar hoffen 103
esquí acuático Wasserski 80
esta noche heute Nacht 26
esta tarde heute Nachmittag bzw. Abend 106
estación *la* Bahnhof 17
estación de metro *la* U-Bahn-Station 15
estaciones del año *las* Jahreszeiten 44
estanco *el* Tabakladen 32
estar sich befinden 15
este *el* Osten 61
este/-a diese/r/s 15
estómago *el* Magen 97
estoy estudiando... ich studiere (gerade) ... 68
estoy trabajando ich arbeite (gerade) 67
euros por pesos Euros gegen Pesos 26
exactamente exakt 47
excursión *la* Ausflug 60
exposición *la* Ausstellung 24

F

falda *la* Rock 33
familia *la* Familie 68
febrero *el* Februar 44
feo/-a hässlich 69
fiebre *la* Fieber 97
fin de semana *el* Wochenende 82
flan *el* Karamellpudding 87
francés *el* Französisch 10
frío/-a kalt 104
frito/-a frittiert, gebraten 88
fruta *la* Obst 52
fruta del tiempo *la* Obst der Saison 87
funcionar funktionieren 96
fútbol *el* Fußball 82

G

gafas *las* Brille 33
gafas de sol *las* Sonnenbrille 31
gamba *la* Garnele 104
garganta *la* Hals 97
gazpacho *el* kalte Gemüsesuppe 89
gente *la* Leute 66
gimnasio *el* Fitnessraum 9
gorro *el* Mütze 33
guayabera *la* typische Jacke aus Kuba 96
guisado/-a geschmort 88
gustar gefallen 31

H

habitación *la* Zimmer 7
habitación doble *la* Doppelzimmer 43
habitación individual *la* Einzelzimmer 43
hablar sprechen 7
hace frío es ist kalt 61
hacer machen / tun / treiben 62
hacer gimnasia turnen 80
hacer surf surfen 80
hacer vela segeln 80
hamburguesa *la* Hamburger 105
hasta bis 15
¡Hasta ahora! Bis gleich! 107
hasta el final bis zum Ende 15
hasta el mes que viene bis zum nächsten Monat 107
hasta el próximo año bis zum nächsten Jahr 107
hasta la noche bis heute Nacht bzw. Abend 107
hasta luego bis später 107
hasta mañana bis morgen 107
hasta más tarde bis später 107
¡Hasta pronto! Bis bald! 103
¿Hasta qué hora? Bis um wie viel Uhr? 79
hay es gibt 15
heladería *la* Eisdiele 32
helado *el* Eis 32
hermano/-a *el/la* Bruder / Schwester 68
hervido/-a gekocht 88
hijo/-a *el/la* Sohn / Tochter 68
holandés *el* Holländisch 10
horario *el* Öffnungszeiten 25
hospital *el* Krankenhaus 69

I

idioma *el* Sprache 10
inglés *el* Englisch 10
invierno *el* Winter 44
invitar einladen 103
ir gehen, fahren 16
ir de vacaciones in Urlaub fahren 18
ir en coche mit dem Auto fahren 16
irse (weg)gehen 103
isla *la* Insel 80
italiano *el* italienisch 10
izquierda *la* links 18

J

jamón *el* Schinken 52
jamón york *el* Kochschinken 105
jubilado/-a Rentner/in 71
jueves *el* Donnerstag 44
jugar spielen 80
jugar al tenis Tennis spielen 80
julio *el* Juli 44
junio *el* Juni 44

K

kilo Kilo 51

L

lago *el* See 59
lata *la* Dose 52
lechuga *la* Kopfsalat 52
letra *la* Buchstaben 46
levantarse aufstehen 79
libre frei 45
librería *la* Buchhandlung 32
libro *el* Buch 32

licor *el* Likör 104
limón *el* Zitrone 104
línea *la* Linie 15
litro *el* Liter 53
llamar por teléfono anrufen 95
llamarse heißen 7
llave *la* Schlüssel 9
llaves de casa *las* Wohnungsschlüssel 96
llegar ankommen 25
Llevamos una semana... Wir sind seit einer Woche ... 68
llevar tragen; mitbringen; haben 68
llevarse (mit)nehmen 34
Lo siento. Es tut mir leid. 17
lomo *el* Lachsschinken 105
los / las die, sie 25
luego dann, später 79
lugar *el* Ort 24
lunes *el* Montag 44

M

madre *la* Mutter 68
maleta *la* Koffer 95
mandarina *la* Mandarine 52
mano *la* Hand 97
manzana *la* Apfel 52
mar *el* Meer 79
marca *la* Automarke 96
marido *el* Ehemann 68
mariscos *los* Meeresfrüchte 52
martes *el* Dienstag 44
marzo *el* März 44
más mehr 10
más tarde später 79
mayo *el* Mai 44
me mir, mich 51
media pensión Halbpension 43
medio/-a halb 23
¡Me encanta el mar! Ich liebe das Meer! 79
mejillón *el* Venusmuschel 52
melocotón *el* Pfirsich 106
menos weniger, am wenigsten 23
menú del día *el* Tagesmenü 86
mercado *el* Markt 50
metro *el* U-Bahn 15
mi mein/e 63
miércoles *el* Mittwoch 44
mirar schauen 31
mochila *la* Rucksack 60
momento *el* Augenblick 7
montaña *la* Berge 58
montar a caballo reiten 80
montar en bicicleta Fahrrad fahren 80
moreno/-a dunkel(haarig) 69
moto *la* Motorrad 81
móvil *el* Handy 96
mucho viel / sehr 59
mujer *la* (Ehe-)frau 68
museo *el* Museum 23
Museo del Prado *el* Museum „El Prado" 15
muy amable sehr freundlich 15
muy bien sehr gut 43

N

nadar schwimmen 79
naranja *la* Orange 51
negro/-a schwarz 31
ni... ni weder ... noch 106
nieto/-a *el / la* Enkel/in 68
no nein / nicht / kein 10
¿No? Nicht wahr? 59
No hay de qué. Keine Ursache. 18
No hay problema. Kein Problem. 94
No me encuentro bien. Ich fühle mich nicht wohl. 97
No se preocupe. Machen Sie sich keine Sorgen. 98
nombre *el* Name 43
normal normal 82
norte *el* Nord 59
noviembre *el* November 44
nuestro/-a unser/e 70
número *el* Nummer 7
número de matrícula *el* Autokennzeichen 96

O

octubre *el* Oktober 44
oeste *el* Westen 61
ojo *el* Augen 97
ordenador *el* Computer 96
organizar veranstalten 80
otoño *el* Herbst 44
otro/-a ein/e anderer/-e 97

P

padre *el* Vater 68
paella *la* spanisches Reisgericht 24
pagar zahlen 31
palabra *la* Wort 10
Palacio Real *el* Königspalast 15
pan *el* Brot 52
pantalón *el* Hose 33
paquete *el* Packung 52
para für / um zu 15
parada de taxis *la* Taxistand 16
¿Para ir a...? Wie kommt man zu / nach...? 15
parque *el* Park 16
pasaporte *el* Reisepass 9
pasear spazieren gehen 79
paseo *el* Spaziergang 80
pastilla *la* Pillen 97
patata *la* Kartoffel 52
patín acuático *el* Tretboot 81
pedir bestellen 87
película *la* Film 24
pelo corto kurze Haare 69
peluquería *la* Friseursalon 69
peluquero/-a *el/la* Friseur/in 69
pensión completa *la* Vollpension 45
pera *la* Birne 52
perder verlieren 95
perdido/-a verloren 95
Perdone. Entschuldigen Sie. 15
perfecto perfekt 15
periódico *el* Zeitung 32
periodista *el / la* Journalist/in 69
pero aber 59
pescado *el* Fisch 52
pie *el* Fuß 97
pierna *la* Bein 97
piscina *la* Swimmingpool 9
plato *el* Teller 88
playa *la* Strand
poco *un* ein bisschen 7
policía *el / la* Polizist/in 69

pollo *el* Hähnchen 52
pollo con arroz *el* Reis mit Hühnchen 87
Póngame… Geben Sie mir … 51
por durch, wegen, pro, per 79
por favor bitte 7
por la mañana am Morgen 79
por la noche am Abend 79
por motivos de trabajo wegen der Arbeit, beruflich 71
portugués *el* Portugiesisch 10
postre *el* Nachtisch 87
precio *el* Preis 34
precioso/-a wunderschön 59
presentación *la* Vorstellung 70
primavera *la* Frühling 44
primer plato *el* Vorspeise 87
probador *el* Umkleidekabine 31
profesor/a *el/la* Lehrer/in, Professor/in 69
próximo/-a nächste/r 103
pueblo *el* Dorf 79
puerta *la* Tür 9
puerto *el* Hafen 17
pues nun 51
pulpo *el* Oktopus, Krake 104

Q

que der, die, das 67
¿Qué? Was? Welcher/e/s? 7
¡Que aproveche! Guten Appetit 87
¡Qué bien! Wie schön! 62
¡Qué bueno! Wie lecker! 87
¡Qué fresco! Wie frisch! 53
¿Qué hora es…? Wie spät ist es? 23
¿Qué le pasa (a usted)? Was fehlt Ihnen? 97
¿Qué significa…? Was bedeutet …? 16
quedar sich treffen / sich verabreden 105
quedarse bleiben 68
querer wollen 23
Quería… Ich hätte gerne … 31
queso *el* Käse 52
¿Qué tal? Wie geht's? / Wie ist …? 67
¡Qué tarde! So spät! 79
¿Qué te pasa? Was hast du? 97
¿Qué tiempo hace? Wie ist das Wetter? 62
¡Qué tomates más ricos! Was für leckere Tomaten! 51
¿Quién(es)? Wer? 70
quiosco *el* Kiosk 32
Quisiera… Ich möchte / ich hätte gern … 43

R

real königlich 68
recepción *la* Empfang 7
recepcionista *el/la* Rezeptionist/in 69
refugio de montaña *el* Berghütte 60
región *la* Region 63
reserva *la* Reservierung 47
reservado/-a reserviert 7
reservar reservieren 43
resfriado/-a erkältet 97
restaurante *el* Restaurant 10
río *el* Fluss 59
riquísimo/-a sehr lecker 51
robado/-a gestohlen 95
robar stehlen 95
rodilla *la* Knie 97
romperse sich … brechen 97
ron *el* Rum 107
rubio/-a blond 69
ruso *el* Russisch 10
ruta *la* Route 48

S

sábado *el* Samstag 44
saber wissen 15
saco de dormir *el* Schlafsack 60
sal *la* Salz 88
salchicha de Frankfurt *la* Art Hotdog 105
salchichón *el* Dauerwurst 52
salir wegfahren / aus-/hinausgehen 25
salmón *el* Lachs 52
sandía *la* Wassermelone 52
segundo plato *el* Hauptgericht 87
seguro de accidentes *el* Unfallversicherung 95
sello *el* Briefmarke 32
semana *la* Woche 44
señor *el* Herr 67
señora *la* Frau 7
señorita *la* Fräulein 89
septiembre *el* September 44
ser sein 7
serio/-a ernst 69
servicio de emergencias *el* Notdienst 96
servilleta *la* Serviette 88
sí ja 7
siesta *la* Mittagsschlaf 79
sin ohne 45
sin alcohol alkoholfrei 104
síntoma *el* Symptom 97
sol *el* Sonne 58
solo nur 31
sombrilla *la* Sonnenschirm 81
sopa de verduras *la* Gemüsesuppe 87
su sein/e, ihr/e, Ihr/e 43
supermercado *el* Supermarkt 24
sur *el* Süden 61

T

talla *la* Konfektionsgröße 31
también auch 31
tan so sehr 53
tapa *la* Appetithäppchen 102
tarjeta de crédito *la* Kreditkarte 96
taxi *el* Taxi 16
té *el* Tee 104
teatro *el* Theater 24
televisor *el* Fernsehapparat 98
tenedor *el* Gabel 88
tener haben 7
tener que müssen 97
tenga hier haben Sie 95
tenido gehabt 95
ternera *la* Kalbfleisch 52
tiempo *el* Wetter 61
tienda *la* Laden 31
tienda de campaña *la* Zelt 60
tienda de ropa *la* Kleidergeschäft 32

tierra ***la*** *(hier)* Region 23
toalla ***la*** Handtuch 98
todo el mes den ganzen Monat 45
todo recto geradeaus 15
tomar nehmen, trinken, essen 15
tomar el sol sich sonnen 81
tomate ***el*** Tomate 24
tortilla ***la*** Omelett 104
tortilla a la francesa ***la*** Omelett 105
tortilla de patatas ***la*** Omelett mit Kartoffeln und Zwiebeln 105
trabajar arbeiten 67
trabajo ***el*** Arbeit 19
traer bringen 88
transportes ***los*** Beförderungsmittel 16
tren ***el*** Zug 16
trozo ***el*** Stück 52
tu dein/e 70

U

un cuarto de kilo ein Viertel Kilo 53
un/a ein/e 7
una tabla de surf ***la*** Surfbrett 81
una tumbona ***la*** Liegestuhl 81
usted Sie 7

V

vale einverstanden 106
vaso ***el*** Glas 88
ventana ***la*** Fenster 9
ver sehen 24
verano ***el*** Sommer 44
verde grün, unreif 53
verdura ***la*** Gemüse 52
vestido ***el*** Kleid 33
vez ***la*** Mal 98
viaje ***el*** Reise 22
viernes ***el*** Freitag 44
vino ***el*** Wein 87
vino blanco ***el*** Weißwein 104
vino rosado ***el*** Rosé 104
vino tinto ***el*** Rotwein 104
visita ***la*** Besuch 15
vista ***la*** Blick 45
vocal ***la*** Vokal 46
vuestro/-a euer/e 70

Y

y und 15
yo ich 16
yogur ***el*** Joghurt 87

Z

zapatería ***la*** Schuhgeschäft 32
zapato ***el*** Schuhe 32
zumo de limón ***el*** Zitronensaft 97

Audios

Aufnahmeleitung: Ernst Klett Sprachen GmbH, Stuttgart
Tontechnik und Produktion: Tonstudio Bauer GmbH, Ludwigsburg
Gesamtzeit: ca. 36 Minuten
Sprecherinnen und Sprecher: Carmen de las Peñas, Carlos Fernández, Matilde Tenore Guzman, Antonio Enrique Pérez

Bildnachweis

U1 plainpicture GmbH & Co. KG (Felix Oppenheim), Hamburg; U2 und U3 Alexandra Krammer, Stuttgart; 4.1 Thinkstock (Digital Vision), München; 4.2 Thinkstock (Digital Vision), München; 4.3 Thinkstock (Digital Vision), München; 5 Thinkstock (Digital Vision), München; 6 Fotolia LLC (Lance Bellers), New York; 9 iStockphoto (Karina Tischlinger), Calgary, Alberta; 12.1 Thinkstock (istockphoto), München; 12.2 Thinkstock (istockphoto), München; 13 iStockphoto (Roberto A Sanchez), Calgary, Alberta; 14 Thinkstock (Creatas), München; 16 Thinkstock (photos.com), München; 20.1 iStockphoto (Maridav), Calgary, Alberta; 20.2 Thinkstock (istockphoto), München; 21 Thinkstock (Hemera), München; 22 Corbis (Marco Cristofori), Düsseldorf; 24 Corbis (Marcos Brindicci/Reuters), Düsseldorf; 28.1 Corbis (Gianni Dagli Orti), Düsseldorf; 28.2 Thinkstock (istockphoto), München; 29 Thinkstock (istockphoto), München; 30 Thinkstock (Digital Vision), München; 33 Thinkstock (Photodisc), München; 34.1 Thinkstock (istockphoto), München; 34.2 Thinkstock (istockphoto), München; 34.3 Thinkstock (istockphoto), München; 36.1 Avenue Images GmbH (Hola Images), Hamburg; 36.2 iStockphoto (Juanmonino), Calgary, Alberta; 37.1 Thinkstock (digital Vision), München; 37.2 Alamy Images (Natasa Trifunovic/imagebroker), Abingdon, Oxon; 38.1 Thinkstock (istockphoto), München; 38.2 Thinkstock (Hemera), München; 38.3 Thinkstock (istockphoto), München; 39.1 Thinkstock (Hemera), München; 39.2 Thinkstock (istockphoto), München; 39.3 Thinkstock (istockphoto), München; 41 Thinkstock (Digital Vision), München; 42 iStockphoto (aprott), Calgary, Alberta; 45 Thinkstock (istockphoto), München; 48 Thinkstock (istockphoto), München; 49.1 Thinkstock (istockphoto), München; 49.2 Thinkstock (istockphoto), München; 50 Thinkstock (istockphoto), München; 53 iStockphoto (Kadir Barcin), Calgary, Alberta; 56.1 Alamy Images (Kavita Favelle), Abingdon, Oxon; 56.2 Alamy Images (Pep Roig), Abingdon, Oxon; 57.1 Avenue Images GmbH (Neil Palmer/Alamy), Hamburg; 57.2 BigStockPhoto.com (sphraner), Davis, CA; 58 iStockphoto (Tiago Estima), Calgary, Alberta; 60 Thinkstock (photos.com), München; 64.1 Alamy Images (Julie Bernstein), Abingdon, Oxon; 64.2 Shutterstock (max blain), New York, NY; 65.1 Thinkstock (istockphoto), München; 65.2 Alamy Images (Eye Ubiquitous/David Cumming), Abingdon, Oxon; 66 Thinkstock (photos.com), München; 68 Thinkstock (Brand X Pictures), München; 72 iStockphoto (Jose Ignacio Soto), Calgary, Alberta; 73.1 LOOK Gmbh (Ingolf Pompe 52), München; 73.2 iStockphoto (Bartosz Hadyniak), Calgary, Alberta; 74.1 Thinkstock (Hemera), München; 74.2 iStockphoto (Markus Thomas Lienbacher), Calgary, Alberta; 74.3 iStockphoto (José Carlos Pires Pereira), Calgary, Alberta; 75.1 Thinkstock (istockphoto), München; 75.2 iStockphoto (Ralf Gosch), Calgary, Alberta; 75.3 Thinkstock (Hemera), München; 78 iStockphoto (Vetta/Angel Herrero de Frutos), Calgary, Alberta; 80 Thinkstock (istockphoto), München; 84 iStockphoto (Niko Guido), Calgary, Alberta; 85.1 iStockphoto (Emilie Duchesne), Calgary, Alberta; 85.2 iStockphoto (Vetta/Andrey Artykov), Calgary, Alberta; 86 Thinkstock (Photodisc), München; 88 iStockphoto (Liv Friis-Larsen), Calgary, Alberta; 89 iStockphoto (mbbirdy), Calgary, Alberta; 92.1 Thinkstock (istockphoto), München; 92.2 iStockphoto (Stephanie Horrocks), Calgary, Alberta; 93.1 iStockphoto (Rebecca Picard), Calgary, Alberta; 93.2 Thinkstock (Hemera), München; 94 Thinkstock (Hemera), München; 96 Thinkstock (istockphoto), München; 97 iStockphoto (Elena Aliaga), Calgary, Alberta; 100.1 Thinkstock (istockphoto), München; 100.2 Thinkstock (Hemera), München; 101 iStockphoto (King Ho Yim), Calgary, Alberta; 102 iStockphoto (Rohit Seth), Calgary, Alberta; 104 iStockphoto (Kristian Gehradte), Calgary, Alberta; 108 Thinkstock (istockphoto), München; 109.1 iStockphoto (adrian beesley), Calgary, Alberta; 109.2 iStockphoto (Jillian Pond), Calgary, Alberta; 110.1 Thinkstock (Hemera), München; 110.2 Thinkstock (Hemera), München; 110.3 iStockphoto (Carlos Fierro), Calgary, Alberta; 111.1 Thinkstock (Hemera), München; 111.2 Thinkstock (istockphoto), München; 111.3 iStockphoto (mario loiselle), Calgary, Alberta; 113 Thinkstock (Valueline), München

Trackliste

la ciudad

1 Bienvenidos

Track 1 ⁝ Auftaktmusik
Track 2 ⁝ Aufgabe 1
Track 3 ⁝ Aufgabe 3 a.
Track 4 ⁝ Aufgabe 4
Track 5 ⁝ Un poco más Aufgabe 1 b.

2 Por el centro

Track 6 – 7 ⁝ Aufgabe 1 a.
Track 8 ⁝ Aufgabe 6
Track 9 ⁝ Un poco más Aufgabe 1 b.

3 Un viaje cultural

Track 10 – 11 ⁝ Aufgabe 5
Track 12 ⁝ Un poco más Aufgabe 3

4 De tiendas

Track 13 – 14 ⁝ Aufgabe 1 a.
Track 15 ⁝ Aufgabe 2 b.

el campo

1 De viaje

Track 16 ⁝ Auftaktmusik
Track 17 ⁝ Aufgabe 1 b.
Track 18 ⁝ Aufgabe 2 b.
Track 19 – 22 ⁝ Aufgabe 4 b.
Track 23 ⁝ Aufgabe 5
Track 24 – 27 ⁝ Un poco más Aufgabe 3
Track 28 – 31 ⁝ Un poco más Aufgabe 5

2 En el mercado

Track 32 – 33 ⁝ Aufgabe 1 a.
Track 34 ⁝ Aufgabe 2 b.
Track 35 – 38 ⁝ Aufgabe 4

3 Sol y montaña

Track 39 ⁝ Aufgabe 1 a.
Track 40 – 42 ⁝ Aufgabe 4
Track 43 – 47 ⁝ Un poco más Aufgabe 3

4 La gente

Track 48 – 52 ⁝ Aufgabe 2
Track 53 – 55 ⁝ Aufgabe 4

la playa

1 Al aire libre

Track 56 ⁝ Auftaktmusik
Track 57 ⁝ Aufgabe 1 b.
Track 58 – 59 ⁝ Aufgabe 3
Track 60 – 62 ⁝ Augabe 5
Track 63 ⁝ Un poco más Aufgabe 2

2 El menú del día

Track 64 ⁝ Aufgabe 1 b.
Track 65 – 68 ⁝ Aufgabe 3
Track 69 – 71 ⁝ Aufgabe 4 b.
Track 72 ⁝ Un poco más Aufgabe 4

3 No hay problema

Track 73 – 75 ⁝ Aufgabe 1
Track 76 ⁝ Aufgabe 3 b.
Track 77 – 81 ⁝ Aufgabe 5

4 Tapas y bocadillos

Track 82 ⁝ Aufgabe 1 a.
Track 83 – 85 ⁝ Aufgabe 3 b.
Track 86 ⁝ Aufgabe 4
Track 87 ⁝ Un poco más Aufgabe 3 b.